AF564973

INTELLIGENT INVESTIEREN

In Wohnimmobilien

Wie Sie die hochprofitablen und sicheren Strategien der Profi-Investoren für sich nutzen und Ihr Immobilien-Vermögen in kürzester Zeit drastisch vermehren

INHALT

Das erwartet Sie in diesem Buch

Dieses Buch widmet sich allen, die Einkünfte von und mit Immobilien haben oder in Zukunft haben werden. Außerdem hilft dieses Buch all denjenigen, die in das Immobiliengeschäft einsteigen wollen, jedoch nicht genau wissen, wie sie vorzugehen haben und was sie zu beachten haben.

Das Buch ist in vier große Hauptkapitel untergliedert, die beginnend mit Grundlagen zur Immobilienwirtschaft grundlegende Informationen zu Finanzierung, dem Bau sowie dem Erwerb und der Versicherung veranschaulichen.

Das Kapitel Vermietung von Immobilien befasst sich hingegen mit den verschiedenen Formen der Vermietung und veranschaulicht so deren Vor- und Nachteile. Wobei das Kapitel Verwaltung von Immobilien den Begriff differenziert und dabei auf einzelne Projekte sowie die verschiedenen Verwaltungsformen eingeht. Im letzten Kapitel werden Einkünfte beschrieben, die durch Verkauf einer neu gebauten Immobilie und der Bildung einer Wohnungseigentümergemeinschaft (WEG) entstehen können.

Dabei ist das Buch so aufgebaut, dass unterhalb der großen Kapitel weitere kleine Kapitel zu dem jeweiligen Themengebiet aufgeführt sind. Innerhalb dieser einzelnen Themengebiete werden als dritte Instanz mögliche Fragestellungen ausführlich beantwortet und mit Beispielen verdeutlicht. Dadurch entsteht eine einfache und übersichtliche Strukturierung.

DISCLAIMER

In diesem Buch werden Themen behandelt, die auch steuerrechtliche sowie rechtliche Informationen darlegen. An dieser Stelle wird ausdrücklich betont, dass dieses Buch keine Steuer- sowie auch keine Rechtsberatung durch Fachpersonal ersetzen kann. Obwohl dieses Buch mit größtmöglicher Sorgfalt erstellt wurde, kann es Fehler enthalten. Daher wird nochmals betont, dass Sie die aktuellen Informationen und Ratschläge zum Beispiel (z. B.) bei einem Fachanwalt oder einem spezialisierten Steuerberater einzuholen haben, wenn Sie in das Immobiliengeschäft einsteigen wollen. Für Schäden jeglicher Art, durch Handlungen aufgrund dieses Buches, werden keinerlei Haftungen übernommen. Dieses Buch dient alleinig als Ratgeber und als Darlegung der verschiedenen Möglichkeiten in der Immobilienwirtschaft.

Im „Quellen- und Literaturverzeichnis" auf Seite 45 werden die angewendeten Quellen aufgeführt. Diese können Ihnen auch als weiterführende und vertiefende Informationsquelle dienen.

GENDERHINWEIS

In diesem Buch wird hauptsächlich die männliche Form von Berufsbezeichnungen und Beschreibungen aufgrund ihrer kurzen Darstellung und der Lesbarkeit angewendet. Selbstverständlich ist auch immer die weibliche sowie auch die diverse Form gemeint.

Grundlagen der Immobilienwirtschaft

Sie lesen dieses Buch aus Interesse zur Immobilienwirtschaft, weil Sie selbst in das Immobiliengeschäft einsteigen wollen oder weil Sie bereits Immobilien besitzen. Im folgenden Kapitel werden Grundlagen zu Immobilien wie deren Finanzierung, die Versicherung sowie diverse Fragestellungen zum Bau und Kauf sowie zur Renovierung beantwortet. Nachfolgendes Verzeichnis veranschaulicht Ihnen die beinhalteten Themengebiete, in dem die einzelnen Fragestellungen aufgeführt werden:

FINANZIERUNG VON IMMOBILIEN

Die Finanzierung von Immobilien besteht darin, notwendiges Kapital z. B. in Geldform aufzubringen und so Immobilien erwerben zu können. Dabei bestehen zwei grundlegende Arten der Immobiliennutzung. Dies ist zum einen die selbstgenutzte Immobilie, in der Sie selbst wohnen, diese können Sie mieten oder selber besitzen. Zum anderen gibt es die fremdgenutzte Immobilie, die Sie z. B. als Mieter bewohnen, jedoch Ihnen zur Nutzung überlassen wurde. Das bedeutet, dass Sie selbst nicht Eigentümer dieser Immobilie sind. Finanzierung besteht somit aus z. B. drei Teilen: Der Eigentümer bezieht das Geld zum Erwerb der Immobilie bei einem Kreditinstitut und der Mieter bezahlt dem Vermieter das monatliche Nutzungsentgelt. Wie Sie sehen, werden hier bereits einige Fachbegriffe der Immobilienwirtschaft angewendet. Doch keine Angst, diese werden durch die nachfolgenden Fragestellungen erläutert.

Was wird unter dem Begriff „Immobilien" verstanden?

Sie fragen sich sicherlich an dieser Stelle, was alles als Immobilie definiert ist. Immobilien sind grundsätzlich Gebäude, die zum Wohnen und Arbeiten genutzt werden. Da diese Gebäude nicht in der Luft schweben, werden sie auf einem Grundstück, also einem Stück Land errichtet. Daher kann das Grundstück ebenfalls als ein Teil einer Immobilie betrachtet werden, da ohne Grundstück auch kein Gebäude errichtet werden kann.

Daraus resultiert also, dass ein Gebäude eine Immobilie darstellt. Jedoch können nicht nur Gebäude bewohnt und bewirtschaftet werden, sondern auch einzelne Teile in ihm selbst. Beispielsweise kann ein Gebäude mehrere Wohnungen enthalten, die einzeln bewohnt werden können, diese Form des Gebäudes wird Mehrfamilienhaus genannt. Ein Gebäude kann auch mit einzelnen Zimmern versehen sein, die zur Nutzung an Gäste überlassen werden, diese Form wird dann als Hotel bezeichnet.

Gebäude, in denen gearbeitet wird, z. B. ein Automechaniker seiner Tätigkeit darin nachgeht, werden als Werkstatt bezeichnet. Allerdings ist die Bevölkerungsdichte teilweise so hoch, dass nicht genügend Grundstücksfläche besteht, dass jeder alleine ein Haus besitzen und bewohnen kann. Dadurch wachsen die Gebäude in die Höhe. Das derzeit höchste Gebäude der Welt steht in Dubai und nennt sich Burj Khalifa, es ist 828 m hoch und besitzt mit 584,5 m die höchste, verwendbare Nutzfläche der Welt [1]. Somit ist es möglich, Kombinationen aus den einzelnen Gebäude-Zwecken zu erstellen. Dabei kann z. B. etagenweise unterteilt werden, indem die unterste Etage eine Verkaufsfläche, darüber eine Hoteletage und darüber einzelne Wohnetagen angebracht sind.

Wie Sie sehen, ist eine Immobile ein Gebäude, das auf einem Grundstück steht. Dabei ist es völlig irrelevant, wozu dieses Gebäude verwendet wird. Grundstücksbestandteile sind nicht vorübergehend mit dem

Grundstück verbundene Sachen und Erzeugnisse [2, S. 1250]. Nachfolgend wird „Immobilie“ als Abkürzung dieser Definition genutzt. Durch Immobilien entstehen Kosten und Erlöse bzw. Einkünfte, die im Sinne der Einkommenssteuer als „Einkünfte aus Vermietung und Verpachtung“ bezeichnet werden.

Wie sind Einkünfte und deren Steuern definiert?

Einkünfte sind aus steuerlicher Sicht der Zufluss von Mitteln (z. B. Geld), der in sämtlicher Weise erwirtschaftet wird. Das kann z. B. durch selbstständige oder nicht selbstständige Arbeit oder auch durch Zinseinkünfte oder auch durch Einkünfte aus Vermietung und Verpachtung sein. Bei den Einkünften aus Vermietung und Verpachtung wird das eingenommene Geld, also die Miete, als Einkommen deklariert. Daraus resultiert, dass steuerliche Abgaben im Rahmen der jährlichen Steuererklärung bei Privatpersonen zu entrichten sind. Dabei werden die einzelnen Immobilien als Einkommensgrundlage mit der monatlichen Miete mit den Ausgaben, z. B. der von den Nebenkosten, gegengerechnet und so das Einkommen bestimmt. Darauf werden ggf. zusammen mit weiteren Einkommen die Steuern berechnet [3].

Auf ein Rechenbeispiel wird an dieser Stelle bewusst verzichtet, da die Berechnung im Rahmen dieses Themengebietes nicht weiter von Bedeutung ist.

Weiter können Einkünfte im Zusammenhang mit Immobilien bei deren Verkauf entstehen. Hierbei gibt es zwei Arten von Einkommen, wenn Immobilien verkauft werden. Das ist zum einen der Verkauf einer Immobilie, die bereits eigenständig genutzt wird oder anderen Personen zur Nutzung überlassen wurde und z. B. die Lage günstig ist. Eine günstige Lage entsteht z. B., wenn die Immobilie an Wert gewinnt und so beim Verkauf Einkommen erwirtschaftet wird. Zum anderen kann Einkommen entstehen, indem Immobilien für den Verkauf gebaut werden.

Hierbei steht nicht die Nutzung der Immobilie durch den Bauherrn im Vordergrund, sondern die Erzielung von Einkommen durch den Verkauf. Dabei wird die Immobilie z. B. als Wohngebäude fertiggestellt und hinterher als Eigentumswohnungen verkauft, siehe hierzu Kapitel „Die Wohnungseigentümer–
gemeinschaft" ab Seite 38. Die Einkünfte können unterschieden werden. Dies kann z. B. in passives und aktives Einkommen geschehen.

Was sind passive Einkünfte?

Einkünfte können in passiv und aktiv unterteilt werden. Zu einer Unterteilung kann z. B. die Einkommenshöhe der verschiedenen Einkommen betrachtet werden. Hierbei ist ausschlaggebend, welches Einkommen überwiegend zum Lebensunterhalt einer Person oder eines Haushaltes herangezogen wird. Hierzu kann beispielhaft ein privater Haushalt herangezogen werden.

Dabei ist die Person, die in dem Haushalt lebt, berufstätig bei einem Arbeitgeber und hat einige Sparverträge und Aktien bei der Bank. Außerdem hat die Person noch eine Wohnung, die sie an eine andere vermietet. Dadurch hat diese Person insgesamt vier Einkünfte, die steuerlich relevant sind. Die hauptberufliche Tätigkeit, die sie zum Lebensunterhalt benötigt. Die Zinsen, die aus den Sparverträgen resultieren. Die Dividenden von den gehaltenen Aktien sowie die Einkünfte aus der vermieteten Wohnung.

Doch was ist bei diesen vier aufgeführten Einkommen passiv und aktiv? Das ist einfach zu erklären, denn die Person könnte von den Zinsen, Dividenden und den Mieteinkünften nicht leben, daher geht sie einer hauptberuflichen Tätigkeit nach. Somit sind die Zinsen, Dividenden und die Mieteinkünfte als passives Einkommen zu betrachten. Allerdings ist dieses passive Einkommen nicht weiter von Bedeutung bei der Berechnung der jährlichen Einkommenssteuer und kennzeichnet lediglich eine Nebentätigkeit, die zu versteuern ist. Wenn diese Person jedoch mehrere Wohnungen zur Vermietung anbieten würde und dies hauptberuflich machen würde, wäre das eine selbstständige Tätigkeit, die im Rahmen z. B. einer Verwaltung von Immobilien und Mieter zu tätigen ist, siehe hierzu Kapitel „Verwaltung von Immobilien“ ab Seite 30. Einkünfte mit Immobilien können vielfältig sein.

Wie können Einkünfte mit Immobilien realisiert werden?

Es wurde bereits kurz angeschnitten, dass z. B. durch Verkauf oder durch Vermietung von Immobilien Einkünfte erzielt werden können. Allerdings bestehen weitaus mehr Möglichkeiten, mit Immobilien Einkünfte zu erzielen. Doch beginnen wir mit dem Grundlegendsten, eine Immobilie zu besitzen. Wer eine Immobilie z. B. ein Haus sein Eigen nennen darf, kennt das Thema mit der Instandhaltung. Selten vergeht ein Jahr, in dem keine Reparaturen und Renovierungen anstehen. Hier können bereits erste Einkünfte realisiert werden, indem Reparaturen am eigenen Haus selbst durchgeführt werden und nicht beauftragt werden.

Außerdem ist es möglich, diese Reparaturen selber für andere anzubieten. Natürlich ist hier darauf zu achten, dass nicht in sogenannte zulassungspflichtige Handwerke wie z. B. Elektriker, Maler, Installateure usw. eingegriffen wird. Außerdem ist auf die Haftung zu achten. Des Weiteren besteht die Möglichkeit der Vermietung von Immobilien.

Dies kann z. B. eine Garage sein, ein Wohnraum, ein Keller oder auch einfach nur ein Zimmer. Die Zwecke können hierbei vielfältig sein. Das Zimmer kann z. B. als Übernachtungsmöglichkeit dienen, das an Studenten oder an Messebesucher vermietet wird. Wichtig ist jedoch immer, dass die Immobilie Ihnen selbst gehört und dass Sie selbst kein Mieter sind. Andernfalls sind Sie gezwungen, bei Ihrem Vermieter eine Genehmigung zur Untervermietung einzuholen. Eine weitere Möglichkeit, mit Immobilien Einkünfte zu erzielen, besteht in dem Zukauf von Immobilienfonds. Durch den Zukauf von Immobilienfonds (ausgesprochen: Immobilienfoos) investieren Sie, stark vereinfacht ausgedrückt, in eine Art Wertpapier an der Börse, wobei durch dieses Kapital von mehreren Anlegern Immobilien finanziert werden [4]. Zusammenfassend lässt sich somit sagen, dass im Wesentlichen drei Möglichkeiten bestehen, in Immobilien zu investieren [5, S. 206 f]:

- Klassische Direktanlage, dabei werden Immobilien direkt gebaut oder gekauft.
- Nicht börsennotierte Investmentgemeinschaften, wobei Gelder gesammelt und durch diese Unternehmen in Immobilien investiert werden.
- Börsennotierte Investmentgemeinschaften / Real-Estate-Investment-Trusts (REITs), in dem börsennotierte Unternehmen Gelder in Immobilien investieren. Hierbei treten die REITs in die Rolle eines jeden Aktionärs ein. Dabei gewichtet sich die Rolle jedes einzelnen Aktionärs nach dem eingelegten Kapital.

Achtung! Es sind Immobiliengesellschaften oder Immobilienunternehmen klar von einer Hausverwaltung abzugrenzen. Deren Tätigkeitsgebiete umfasst die Vermietung, Finanzierung und Vermarktung von Immobilien [6]. Die Hausverwaltung hingegen verwaltet die Immobilie und das Vermögen einer Wohnungseigentümergemeinschaft oder eines Eigentümers, siehe hierzu mehr im Kapitel „Verwaltung von Immobilien" ab Seite 30 in diesem Buch.

Wie können Immobilien finanziert werden?

Die Finanzierung von Immobilien kann sehr unterschiedlich sein. Wie bereits kurz angeschnitten, ist eine Möglichkeit die Bildung von Immobilienfonds. Das durch Sie eingelegte Kapital wird durch ein Unternehmen, das den Immobilienfond hält, wiederum in den Bau oder die

Modernisierung von Immobilien genutzt. Realisierte Gewinne werden an die Anleger verteilt. Diese Möglichkeit eignet sich sehr für Menschen, die in Immobilien investieren wollen, allerdings sich selber nicht um Bau, Verwaltung und Vermietung kümmern wollen [4].

Wenn Sie jedoch aktiv Immobilienbesitzer oder sogar auch Vermieter werden wollen, benötigen Sie eine oder mehrere eigene Immobilien. Diese sind solide zu finanzieren, doch was bedeutet es, eine Immobilie zu finanzieren? Wie alle anderen Dinge auf der Welt kommen Immobilien nicht einfach so und sind da, sondern sind zu kaufen. In diesem Fall sehen wir von der Möglichkeit der Erbschaft einer Immobilie ab, da auch diese zuvor gekauft wurde.

Die Finanzierung kann durch sogenanntes Eigenkapital oder Fremdkapital realisiert werden. Bei der Finanzierung durch Eigenkapital legen Sie Ihre eigenen Mittel, z. B. 500.000 €, in eine Immobilie ein, die Ihnen anschließend gehört. Durch die Finanzierung mit Fremdkapital beziehen Sie wiederum z. B. 500.000 € bei einem Kreditinstitut. Das Kreditinstitut gibt jedoch nicht das Geld einfach so heraus, sondern benötigt Sicherheiten, für den Fall, wenn Sie nicht mehr zahlungsfähig sind. Eine Sicherheit kann z. B. aus einer Grundschuld im Grundbuch sein, die zugunsten des Kreditinstitutes eingetragen wird.

Hierbei wird dem Kreditinstitut die Möglichkeit gegeben, an sein Geld zu kommen, wenn der Kreditnehmer zahlungsunfähig wird. Eine weitere Sicherheit, je nachdem wie hoch das Kreditinstitut das Risiko der Zahlungsunfähigkeit einschätzt, besteht darin, Versicherungen z. B. gegen Berufsunfähigkeit und vielleicht sogar eine Lebensversicherung abzuschließen. Diese Versicherung(en) werden im Kreditvertrag als Bestandteil eingetragen und dürfen eigenmächtig nicht gekündigt werden.

Wenn Sie die Immobilie besitzen, dabei ist es vollkommen irrelevant, wie Sie die Immobilie finanziert haben, können Sie diese nun selbst bewohnen oder vermieten. Hierbei ist es besonders wichtig, Rücklagen zu bilden. Rücklagen werden z. B. durch Bausparverträge oder einfach ein Sparbuch monatlich bespart, um bei größeren Instandsetzungen wie z. B. Fassade, Heizung, Dach etc. dieses finanzieren zu können. Doch hierbei ist Vorsicht geboten. Rücklagen dürfen Sie nicht vom Mieter z. B. im Rahmen der Nebenkostenabrechnung einfordern oder abrechnen. Rücklagen sind ebenso wie die Verwaltung der Immobilie(n) in die monatliche Nettokaltmiete einzurechnen. Wobei die Ausgaben für die vermietete(n) Immobilie(n) das Einkommen schmälern und so die Steuerschuld senken.

Wie sieht die steuerliche Seite aus?

Immer dort, wo es um Einkommen geht, steht der Fiskus mit der offenen Hand und bittet zur Kasse. Dies ist bei der nichtselbstständigen Arbeit, also dem Lohn von Ihrem Arbeitgeber, aber auch bei Zinserträgen sowie auch bei den Einkünften aus Vermietung und Verpachtung so.

Grundsätzlich gibt es einige verschiedene Steuerarten, die in Verbindung mit Immobilien zum Tragen kommen. Beim Erwerb von Immobilien kommt die Grunderwerbssteuer zum Einsatz. Diese Steuer wird direkt nach dem Kauf und in der Regel dem Käufer in Rechnung gestellt. Bis zum 01. September 2016 betrug diese Steuer deutschlandweit 3,5 %, danach kann jedes Bundesland selbst die Steuerhöhe bestimmen. Diese liegt heute zwischen 3,5 und 6,5 % und gehört ebenso wie die Notariats- und Grundbuchkosten zu den Kaufnebenkosten einer Immobilie.

Die Grundsteuer ist eine jährlich abzuführende Steuer, die auf entweder agrarisch oder baulich genutzter Fläche fällig wird. Die Grundsteuer richtet sich nach dem Wert des Grundes und kann so von Gebiet zu Gebiet unterschiedlich sein. Hierbei liegen drei Sätze zugrunde: Zum einen wird der Einheitswert der Immobilie festgelegt. Dieser Einheitswert wird dann mit der Grundsteuermesszahl multipliziert, heraus kommt der Steuermessbetrag.

Die Grundsteuermesszahl liegt in den alten Bundesländern zwischen 2,6 und 6 Promille und in den neuen Bundesländern zwischen 5 und 10 Promille. Der dritte Satz ist der Hebesatz (deutscher Durchschnitt: 534 %. Nein, das Komma wurde nicht vergessen). Der Hebesatz bezeichnet den durch die Gemeinde festgelegten Betrag, mit dem der Steuermessbetrag multipliziert wird. Das Ergebnis ist die Grundsteuer, die jährlich zu entrichten ist. Je nach deren Höhe kann sie jährlich, quartalsweise oder monatlich bezahlt werden. [7] Nachfolgend ist ein Berechnungsbeispiel aufgeführt:

Formel 1: Beispiel einer Berechnung der Jahresgrundsteuer [7]

Weitere Steuern im Verkehr mit Immobilien entstehen z. B. bei der Erbschaft von Immobilien. Einkommenssteuer und Solidaritätszuschlag entstehen durch Vermietung einer Immobilie.

Wie auch bei Ihrem Lohn können (und müssen) Sie sogenannte Werbungskosten bei der Vermietung von Ihren Immobilien angeben. Das ist eine natürliche, legitime und legale Tätigkeit, die nichts mit Steuerhinterziehung zu tun hat, insofern Sie die angegebenen Ausgaben wirklich hatten. Hierbei werden sämtliche Kosten, die in Verbindung mit Immobilien stehen, erfasst und den Zahlungen des Mieters abgezogen.

Beispiel: Ihnen gehört eine Eigentumswohnung in einem Komplex von mehreren Eigentümern. Die Nebenkosten sind somit bei Ihnen ein durchlaufender Posten, Sie legen diese eins zu eins dem Mieter um. Dennoch sind Sie verpflichtet, dem Fiskus die monatliche Warmmiete anzugeben; also Kaltmiete plus Nebenkosten. Diese Nebenkosten führen Sie in der Einkommenssteuererklärung auf und reduzieren somit die Steuerlast. Ebenso können Sie die Verwaltungskosten, die im Rahmen der Immobilie durch ein anderes Unternehmen anfallen, mit dem Fiskus abrechnen. Allerdings gelten hier bestimmte Voraussetzungen, die Sie zu beachten haben.

Tabelle 1: Zusammenfassung der verschiedenen Steuer- und

Gebührensätze [9] werden die verschiedenen Steuer- und Gebührensätze zur Übersicht zusammengefasst [8, S. 323].

Tabelle 1: Zusammenfassung der verschiedenen Steuer- und Gebührensätze [9]

Benennung (Abkürzung)	Satz neue Bundesländer	Satz alte Bundesländer
Einkommenssteuer (ESt)	Zwischen 14 % und 42 %, Reichensteuer 45 %	
Solidaritätszuschlag (SolZ)	5,5 %	---
Grundsteuer (GSt):	---	---
Einheits- oder Bedarfswert	Berechnungsverfahren zur Wertermittlung	
Grundsteuermessbetrag	Zwischen 2,6 ‰ und 6 ‰	Zwischen 5 ‰ und 10 ‰
Hebesatz	Ø 534 % ist gemeindeabhängig	
Erbschaftssteuer (ErbSt)	Zwischen 7 % und 50 %	

Welche Rechtsgrundlagen bestehen?

Im Rahmen der Vermietung und Verpachtung bestehen Rechte und Pflichten. Hierbei haben Sie als Vermieter mit mindestens zwei, manchmal mit drei und mehr Parteien eine Beziehung. Mit Beziehung ist gemeint, mit wem Sie ein Geschäftsverhältnis besitzen oder Ihre Kosten darzulegen haben. Das ist zum einen der Mieter und das Finanzamt, häufig kommen noch Verwaltungen dazu, wenn Sie mehrere Immobilien besitzen. Der Gesetzgeber unterscheidet grundsätzlich in zwei verschie-dene Kostenarten: umlagefähige und nicht umlagefähige Kosten. Diese zwei Kostenarten in Verbindung mit Immobilien unterscheiden sich gesetzlich enorm. Sie zeigen Ihnen, welche Kosten Sie weiter verrechnen dürfen und welche nicht. Die nachfolgende

Tabelle 2: Beispiele zu den verschiedenen Kostenarten (unvollständig) [9] auf Seite 9 veranschaulicht beispielsweise die beiden Kostenarten.

Tabelle 2: Beispiele zu den verschiedenen Kostenarten (unvollständig) [9]

Umlagefähige Kosten	Nicht umlagefähige Kosten
1. Kaminkehrer	
2. Abfall und Abfallbehälter	12. Rücklagen
3. Allgemeinbeleuchtung	13. Modernisierungen
4. Aufzug: Strom, Wartung, Prüfungen	14. Verwaltungskosten
5. Grundsteuer, Gebäudehaftpflichtversicherung	15. Bank-/Kontogebühren
6. Strom	16. Rechtsschutzversicherung
7. Wasser und Abwasser	17. Mietausfallversicherung
8. Prüfung von Wasserleitungen	
9. Rauchmelder Wartung	18. Umlage von Mietausfall
10. Treppenhausreinigung und Hausmeister	19. Suche nach neuen Mietern
11. Breitband- und Fernmeldegebühren	20. Leerstand

Die umlagefähigen Kosten werden eins zu eins dem Mieter umgelegt und bei der Einkommenssteuererklärung als Ausgaben aufgeführt. Die nicht umlagefähigen Kosten dürfen dem Mieter nicht umgelegt werden, können jedoch ggf. im begrenzten Maße in der Einkommenssteuererklärung zur Reduzierung der Steuerlast angesetzt werden.

Sie als Vermieter haben gegenüber Ihrem Mieter die Pflicht, die Kosten zur Erhaltung der Wohnsache so gering wie möglich zu halten. Wobei Sie im Gegenzug das Recht haben, Schäden jeglicher Art sofort gemeldet zu bekommen. Weiter haben Sie das Recht, die Miete in voller Höhe zu erhalten. Dabei handelt es sich bei der Mietzahlung um eine sogenannte Bringschuld des Mieters. Wird diese Bringschuld versäumt, so kann der Vermieter in ein Mahnverfahren wechseln und bis zur fristlosen Kündigung und Gerichtsvollzug den Mieter des vermieteten Objektes verweisen. Dies sind einige, wenige Rechte und Pflichten, weitere können Sie im Internet z. B. unter [10] nachlesen.

BAUEN, KAUFEN, RENOVIEREN, INVESTIEREN

Sie fragen sich sicherlich nach dem ersten Unterkapitel, was denn nun besser ist: Soll ich eine Immobilie bauen oder doch etwas Fertiges kaufen und anschließend renovieren oder soll ich doch nur investieren, damit ich keine Arbeit und keine Sorgen um die Immobilien habe? Diese Frage ist berechtigt, dennoch kann sie Ihnen keiner abnehmen. Allerdings kann Ihnen bei der Entscheidung geholfen werden, indem bestimmte Fragestellungen beantwortet werden, damit Sie Ihrer Entscheidung näherkommen.

Dabei ist es immer wichtig, nicht nur den Markt zu beobachten, sondern mit den eigenen, verfügbaren Mitteln so umzugehen, damit keine Engpässe im Leben auftreten. Das bedeutet, dass Sie z. B. den Immobilienzweig in Ihrem Leben als Hobby ansehen können, denn ein Hobby kostet ebenso Arbeit und Geld. Das ist bei Immobilien nicht anders. Als Erstes wird der Erwerb von Immobilien betrachtet, also die Fragestellung, wie Sie überhaupt zu einer Immobilie kommen können.

Wie erfolgt der Erwerb von Immobilien?

Wenn Sie nicht erbender Immobilienbesitzer wurden, geschieht der Kauf auf zwei unterschiedliche Arten: Entweder erwerben Sie eine Immobilie oder auch ein Grundstück privat, das bedeutet von Person zu Person, oder der Kauf wird über einen Immobilienmakler vermittelt. Der Unterschied liegt hierbei einzig im Preis. Der Makler verlangt für seine Tätigkeit bis zu 5 % vom Kaufpreis und das vom Käufer und vom Verkäufer. Dieser betreibt eine Plattform, auf dem seine inserierten Immobilien und Grundstücke aufgeführt sind. Wenn sich Käufer und Verkäufer über den Preis geeinigt haben, wird der Gang zu einem Notar nötig. Dieser erstellt eine öffentliche Urkunde über den Kauf bzw. Verkauf und leitet alles Notwendige zur Umschreibung der Immobilie im Grundbuchamt ein. Der Notar ist auch für bestehende oder neue Grundschulden zuständig.

Das bedeutet, dass eine Grundschuld beim Verkauf immer zu löschen ist, denn in Deutschland dürfen Immobilien und Grundstücke nur lastenfrei, also ohne Einträge von Grundschulden, umgeschrieben werden. Im Anschluss kann dann ggf. für den Käufer eine neue Grundschuld erfasst werden. Diese Regelung stellt sicher, dass der neue Eigentümer keine fremden Schulden zu zahlen hat.

Im Kaufvertrag stehen auch der genaue Preis sowie der Tag der Bezahlung und der Tag der Umschreibung. Wenn vom Verkäufer noch eine offene Grundschuld, also ein nicht abbezahlter Kredit, auf der Immobilie besteht, ist es notwendig, dass beim Notar ein Treuhandkonto eröffnet wird. Auf dieses Konto überweist der Käufer das Geld, womit der Notar im Anschluss den Kredit abbezahlt und den Rest dem Verkäufer überweist.

Es kann noch sein, dass die Stadt ein Vorkaufsrecht besitzt, insofern das so ist, wird Sie der Notar darüber informieren. Er wird dann bei der Stadt anfragen und um ein Negativzeugnis bitten, damit die Stadt nicht von ihrem Vorkaufsrecht Gebrauch macht. Außerdem ist beim Erwerb eines Teileigentums, z. B. einer Eigentumswohnung, die Zustimmung der zuständigen Verwaltung notwendig. Diese holt ebenfalls der Notar ein. Hierbei unterzeichnet der Verwalter oder einer seiner Bevollmächtigten, dass dem Verfahren zugestimmt wird. Das ist eine Formalie und für den Verwalter wichtig, damit er weiß, dass ab einem bestimmten Zeitpunkt der Eigentümer wechselt. Warum dies wichtig ist, erfahren Sie im Kapitel „Die Wohnungseigentümer-gemeinschaft" ab Seite 38 in diesem Buch.

Wenn der „Papierkram" erledigt wurde, kommt das Finanzamt mit der Grunderwerbssteuer und mit der Berechnung des Einheits- oder Bedarfswerts und dem Grundsteuermessbetrag. Hierüber wird Ihnen ein Bescheid ausgestellt. Die Gemeinde stellt dann mit dem Hebesatz Ihren Grundsteuerbescheid zu, den Sie entsprechend zu bezahlen haben, zu den Begriffen und ein konkretes Beispiel ist im Kapitel „Wie sieht die steuerliche Seite aus?" ab Seite 7 mehr zu finden.

Anschließend können Sie sich stolzer Eigentümer einer Immobilie oder eines Grundstücks nennen. Hierbei stellt sich die Frage, ob regionale Unterschiede und vielleicht strategisch wichtige Punkte zum Kauf einer Immobilie bestehen bzw. eine Immobilie an einem Ort eine bessere Rentabilität hat als an anderen Orten.

Sind strategische Punkte für eine rentable Vermietung von Bedeutung?

Zur Beantwortung dieser Frage ist es zunächst notwendig, die beiden Schlüsselbegriffe Strategie und Rentabilität zu erläutern. Denn ein strategischer Ansatz zur rentablen Vermietung kann in vielerlei Sichten bestehen. Als Strategie wird beschrieben, dass eine grundsätzliche und langfristige Verhaltensweise durch die Kombination verschiedener Maßnahmen die Zielerreichung beeinflusst wird [2, S. 3293]. Das soll bedeuten, dass ein strategischer Ansatz das Ziel eines Unternehmens oder einer Person beeinflussen kann, indem durch einzelne Entscheidungen die Richtung beeinflusst wird.

Wenn etwas sich „rentiert“, wird damit die Erfolgsgröße zum eingesetzten Kapital beschrieben [2, S. 2935]. Also wenn z. B. eine geldförmige Anlage eine auch Rendite oder Verzinsung genannte Rentabilität bringt. Diese Rentabilität wird immer in Prozent angegeben.

Mit diesen beiden Definitionen kann die Frage einfach beantwortet werden. Denn die Investition in jegliche Immobilie oder in jegliches Geschäft ist immer rentabel, es sei denn, sie bringt Verluste. Jetzt denken Sie sich sicherlich: „Na toll, das hätte ich auch gewusst“. Das ist jedoch so, wenn Sie keinen Gewinn mit der Immobilie machen, sondern Verluste, da Ihr derzeitiger Mieter nicht bezahlt oder weil Sie viel zu renovieren haben. Doch diese Zeiträume sind eher klein. Viel wichtiger ist die Betrachtung auf z. B. 30 Jahre, denn eine Immobilie ist keine kurzfristige Geldanlage, sondern eine lange.

Beispiel: Sie investieren in eine Immobilie, da Sie wissen, dass in einigen Jahren in der Umgebung eine Hochschule gebaut wird. Dafür bezahlen Sie heute einen geringen Preis, z. B. 120.000 €. Sie funktionieren die Wohnung um in drei einzelne Wohnungen, renovieren usw. Hier haben Sie z. B. noch 80.000 € Investition und keinerlei Einkommen. Das bedeutet, dass Sie kurzfristig Verluste erwirtschaftet haben.

Die Schule wird gebaut, Sie haben ab dem dritten Jahr regelmäßigen Zufluss von Studenten, die Ihre Zimmer buchen. Bei einem geringen Preis von 50 € pro Nacht entsteht für drei Zimmer und 250 gebuchte Tage im Jahr ein Einkommen von über 35.000 €, hiervon sind noch Kosten und Steuern abzuziehen, jedoch bleiben pro Jahr mindestens 15.000 € übrig. Hiervon können Rücklagen und größere Reparaturen bezahlt werden. In

15 Jahren verkaufen Sie die Wohnung für 180.000 €. Im ersten Moment sieht es so aus, als ob Sie einen Verlust erlitten haben. Dabei ist nicht zu vergessen, dass die Immobilie gealtert ist, Sie einen Nutzen davongetragen haben und auch noch die Miete erhalten haben. Wenn Sie das alles zusammenrechnen, also jegliche Ausgabe und jegliche Einnahme, kommen Sie auf langfristige Sicht auf eine sehr gute Rendite.

Dieses fiktive Beispiel veranschaulicht Ihnen zwei grundlegende Inhalte in Bezug auf Strategie, Rendite und Marktbeobachtung sowie vielleicht ein wenig Glück. Es ist der Markt zu beobachten: Wie stehen die Chancen, was wird in naher Zukunft passieren, wie werden sich die Gegebenheiten verändern, was planen Städte, Gemeinden usw., außerdem können Sie bei der Marktbeobachtung auf Rückschlüsse zielen.

Das bedeutet, dass Sie bei solchen Entscheidungen auf sich zurückziehende Zinsen oder auch ein größeres Angebot von Immobilien und weiteren Indizien stützen können. Hierbei ist zu beachten, dass Sie nicht den Fehler machen, auf alte Zahlen in der Vergangenheit zu vertrauen, nach dem Motto: „Es war bisher alles gut, wird schon so bleiben". Es wurde das Thema Renovierung angeschnitten. Hierbei stellt sich immer die Frage, ob der Eigentümer selbst Hand anlegt oder ein Unternehmen kommen lässt, das die zu erledigenden Arbeiten durchführt.

Werden Arbeiten selbst erledigt oder Unternehmen angestellt?

Diese Frage stellt sich sehr oft, zu oft. Denn ein Eigentümer möchte Kosten sparen und die Beleuchtung oder den Wasserhahn etc. „schnell" selbst erneuern. Doch hierbei liegt ein großer Fehler. Als Erstes kann er keine Ansprüche gegen sich stellen, das bedeutet, hat der Eigentümer einen Fehler bei einer Reparatur gemacht, so bleibt er auf diesem buchstäblich sitzen. Schlimmer wird es, wenn ein Personenschaden dadurch entsteht. Beispielsweise der Mieter einen elektrischen Schlag erleidet. Hier wird sehr schnell hinterfragt, wer, was und warum es gemacht wurde. Ein weiteres, großes Argument spricht gegen die eigenständige Erledigung, nämlich dass die eigene Arbeit nicht gegenüber dem Finanzamt und auch nicht gegenüber dem Mieter verrechnet werden kann. Der Vermieter ist dafür verantwortlich, dass die Kosten so gering wie möglich gehalten werden, jedoch ist er nicht dazu verpflichtet, anfallende Arbeiten selbst zu erledigen.

Bei Arbeiten ist es somit absolut legitim, dass Sie als Vermieter einen Handwerker Ihres Vertrauens kontaktieren und die anfallenden Arbeiten erledigen lassen. Diese Rechnung ist dann beim Finanzamt sowie ggf. bei Ihrem Mieter vorlegbar. Außerdem haben Sie Regressansprüche, wenn die Arbeiten fehlerhaft oder nicht vollständig erledigt wurden. Dies ist häufig bei viel vorhandener Technik innerhalb der Immobilie zu beobachten, dass Störungen und Defekte auftreten.

Welche Mindestausstattung wird benötigt?

Die Mindestausstattung von Immobilien hängt stark von der Zielgruppe und der Preiskategorie ab. Denn ein durchreisender Messebesucher hat andere Anforderungen wie ein Urlauber, der sich den Ort anschauen möchte. Die Vermietung zwischen Luxus und Standard hängt daher nicht nur vom Standort der Immobilie, sondern auch vom Image sowie der Ausstattung ab. Wie so oft ist es auch hierbei wichtig, die Zielgruppe sowie die Strategie festzulegen. Wenn Sie diese beiden Faktoren festgelegt haben, dürfen Sie davon nicht abweichen, allerdings ist es ratsam, die Ziele immer wieder zu überprüfen und ggf. anzupassen.

Es kann z. B. notwendig sein, Zusatzleistungen anzubieten. Hier sind verschiedene Möglichkeiten gegeben. Beispielsweise kann W-LAN oder Halb- sowie Vollpension angeboten werden, aber auch Hol- und Bringservice sind denkbar. Hier kommt es wieder auf die Kundschaft stark an. Der Student kommt eher mit der Bahn und will W-LAN haben. Der Messebesucher kommt mit dem Flugzeug und möchte abgeholt und wieder hingebracht werden. Hier sind die einzelnen Bedürfnisse wichtige Parameter, die aus einem Angebot einen Auftrag werden lassen.

Welche Technik besteht auf dem Markt zu nachhaltigen Immobilien?

Die Mindestausstattung ist geklärt, doch wie sieht es mit Gebäudetechnik aus? Was wird zwingend benötigt und was ist eher weniger notwendig? In der heutigen Zeit sind sogenannte Smarte Häuser modern und auf technischem Fortschritt sehr beliebt. SmartHome bezeichnet ein in sich und nach außen hin vernetztes Gebäude, das selbstständig Aktionen aufgrund von Programmierungen oder Sensorwerten ausführen kann. SmartHome verspricht zudem noch kostensparend zu sein, indem es Lüftung und Heizung reguliert sowie nicht benötigte Stromverbraucher vom Netz nimmt.

Dies ist in der Tat so, dass richtig konfigurierte SmartHome-Häuser nicht nur durch die Technik, sondern auch durch ihren Aufbau und der Isolation perfekt auf die Technik abgestimmt sind. Es stellt sich dennoch die Frage, ob sich die Investition oder sogar eine Nachrüstung rentiert. Das ist ganz klar zu beantworten: In großen Hotelanlagen ist zu sehen, dass wenn sich die Zimmerkarte in ihrem Steckplatz befindet, alle Geräte eingeschaltet sind. Sobald die Zimmerkarte dort entnommen wird, schaltet sich die Klimaanlage auf Minimalbetrieb und alle Steckdosen und Lichter gehen aus. Vielleicht schließen sogar die Rollläden. Dies erfolgt aus Gründen der Energieeinsparung. Der Bewohner denkt unter Umständen nicht an das Licht oder an die Heizung, doch die Entnahme der Zimmerkarte stellt das Zimmer auf ein definiertes Minimum zurück.

Daher ist die Investition in SmartHome durchaus sinnvoll und ratsam. SmartHome wird nicht nur wegen des verminderten Energieverbrauchs empfohlen, sondern auch, weil der Bedienerkomfort steigt und eine Überwachung gegen unbefugten Zutritt erfolgt. Hierbei werden z.

B. durch Sensoren bestimmte Aktionen erfasst und der Eigentümer gewarnt. Solch eine Überwachung ist ohne SmartHome nur schwer zu realisieren.

VERSICHERUNGEN

Im vorherigen Kapitel wurde bereits auf einige Versicherungen hingewiesen. Versicherungen sind im Allgemeinen Verträge, die ein bestimmtes Risiko absichern. Eine klassische Versicherung, die jeder Bürger in Deutschland besitzt, ist die Krankenversicherung. Diese Versicherung schützt den Inhaber der Versicherung bei Krankheit. Dies ist nicht so zu verstehen, dass die Versicherung gegen die Krankheit hilft, sondern sie schützt den Inhaber gegen finanzielle Risiken. Wenn eine Operation ansteht oder ein Arm oder Bein gebrochen ist, dann „springt" zur Zahlung die Krankenversicherung ein und finanziert die Heilungskosten.

Wie bereits beschrieben, besteht zu fast jedem Risiko eine Versicherung. Allerdings gibt es zwei Arten von Versicherungen. Die eine Art sind Pflichtversicherungen, die zwingend benötigt werden. Ein Zwang besteht z. B. von Gesetzes wegen oder aus vertraglichen Pflichten. Dies kann z. B. die Krankenversicherung oder Haftpflichtversicherung beim Auto sein. Die andere Versicherungsart sind die freiwilligen Versicherungen. Hier können sämtliche Verträge abgeschlossen werden.

Welche Versicherungen können in Verbindung mit Immobilien nützlich sein?

Im Rahmen von Immobilien bestehen einige Möglichkeiten, Versicherungen abzuschließen. Nachfolgende Tabelle 3: Beispiele verschiedener Versicherungen [9] zeigt verschiedene Versicherungen auf. Bei den genannten Versicherungen handelt es sich um Versicherungen als Bewohner, Eigentümer und Unternehmer.

Tabelle 3: Beispiele verschiedener Versicherungen [9]

Pflichtversicherungen	Freiwillige Versicherungen
21. Gebäudehaftpflicht 22. Haftpflicht 23. Unternehmenshaftpflicht	24. Rechtsschutz 25. Mietausfall 26. Glasbruch 27. Hausrat

Beim Abschluss von Versicherungen ist jedoch immer darauf zu achten, welches Risiko liegt wirklich vor und in welcher Höhe. Hierbei ist wieder auf langfristige und strategische Weise die Entscheidung zu treffen. Beispielsweise rentiert sich eine Mietausfall- und Rechtsschutzversicherung sehr schnell, wenn Sie auf einen sog. Mietnomaden treffen, der die Miete nicht bezahlt, Sie anschließend mit Anwälten und Gerichten zu kämpfen haben, um diesen aus der Wohnung zu bekommen. Diese Kosten können sehr schnell explodieren und vor allem sich in die Länge ziehen.

Wie erfolgt die Absicherung gegen diese Mietnomaden?

Keinem Menschen steht auf der Stirn geschrieben, wer er ist, was er denkt und was er vorhat. Auch ist es nicht möglich, in die Gedankenwelt von anderen Menschen einzutauchen, obwohl dies sehr oft in sehr vielen Situationen hilfreich wäre. Aus diesem Grund sollten Sie im ersten Schritt als Vermieter bei jeglicher Vermietung genau Ihren zukünftigen Mieter „unter die Lupe nehmen". Hierbei sind Erfahrung, Intuition sowie Indizien erforderlich. Anhand dieser Faktoren sowie durch die vorgelegten Unterlagen und der Gespräche gilt es, das Gegenüber bestmöglich einzuschätzen und so bereits mögliche Problemfälle auszusortieren. Hierbei gilt stets, sich auf das eigene Bauchgefühl zu verlassen. Beim geringsten Zweifel lieber Abstand nehmen, als hinterher eine teuer bezahlte Geschichte erzählen zu können. Doch was wird benötigt, um den neuen Mieter so genau wie möglich zu „durchleuchten", aber dennoch seriös und möglichst bedeckt zu agieren sowie zu handeln? Als Vermieter dürfen Sie nicht alles, jedoch ist es legitim, dass Sie sich Daten einholen, die für eine gute Verwaltung und ein gutes Mietverhältnis sorgen können. Hierzu besteht die Möglichkeit, dass Bewerber, die sich wirklich für die Immobilie interessieren, eine sog. Mieterselbstauskunft ausfüllen und unterzeichnen. In dieser Selbstauskunft stehen alle wichtigen, persönlichen Daten sowie Fragen zum vorherigen Mietverhältnis und in Bezug auf Rauchverhalten sowie Haustierhaltung. Außerdem kann eine Rubrik eingefügt werden, in der der Mieter der Einholung einer Schufa Auskunft einwilligt.

Wenn der potenzielle Mieter in die zweite Runde gelangt, wird die Auskunft aus der Schufa eingeholt und schließlich entschieden. In den Auskünften wird mit sog. Scores gearbeitet. Diese Scores besagen, wie kreditwürdig der potentielle Geschäftspartner (hier: Mieter) ist. Außerdem werden wichtige Einträge wie z. B. Gerichtsvollziehungen und sonstige Informationen aufgeführt.

Hier ist es ratsam, dass Sie als Vermieter diese Auskunft selbst einholen und sehr genau durcharbeiten. Auch hier gilt wieder: Wenn Sie kein gutes Gefühl haben, Finger weg!

Im Anschluss kommt es zur Vertragsunterzeichnung. In dem Vertrag regeln Sie sämtliche Mietbedingungen und dergleichen. Wichtig hierbei ist eine Kopie des Passes oder des Personalausweises. Damit können Sie hinterher, falls es zu einer gerichtlichen Auseinandersetzung kommt, belegen, dass Sie wirklich mit dieser Person gesprochen und den Vertrag unterzeichnet haben.

Sollten sich trotz aller Vorsicht die Mieter zu einem Problemfall entwickeln, ist es ratsam, eine Rechtsschutz- und eine

Mietausfallversicherung zu besitzen. Diese Versicherungen greifen im Falle des Falles ein und übernehmen entweder teilweise oder komplett auftretende Kosten. Besonders bei bestehenden Versicherungen ist zu achten, dass bei der Auswahl der Mieter eine sorgfältige Auslese getroffen wird. Ansonsten kann es vorkommen, dass bei wiederholtem Male die Versicherung das Versicherungsverhältnis kündigt. Die sorgfältige Auslese wurde bereits beschrieben.

Wenn eine Immobilie genutzt wird, entstehen Schäden. Diese Schäden können private Vermieter in finanzielle Probleme führen, da extrem hohe Kosten durch bestimmte Schäden entstehen können.

Wie wird die Haftung auf Schäden beschränkt?

Jemand der einem anderen einen Schaden zufügt, ist verpflichtet, diesen Schaden zu reparieren oder dafür aufzukommen, indem er die Behebung dieses Schadens bezahlt. Die Rede ist von Haftpflicht. Allerdings gibt es bestimmte Situationen, die ein Mensch aufgrund verschiedener Ursachen nicht immer überblicken oder bewusst steuern kann. Aus diesem Grund gibt es Haftpflichtversicherungen, die den Versicherungsinhaber vor finanziellem Ruin schützen.

Gängige Beispiele sind hierfür die Privathaftpflicht-, Kraftfahrzeug- (KFZ) Haftpflicht- und die Grundbesitzerhaftpflichtversicherung. Diese Versicherungen schützen den Inhaber bei Schäden, die er selbst jemanden anrichtet. Wenn jedoch jemand anders oder sich selbst einen Schaden z. B. in der Wohnung anrichtet, hilft eine Haftpflichtversicherung nichts.

Wenn z. B. die Cerankochplatte gerissen ist, weil eine schwere Pfanne heruntergefallen ist, wird eine separate Versicherung, z. B. die Hausratversicherung, benötigt. Oder beim KFZ ein Tierschaden erlitten wurde, hilft dem KFZ-Besitzer die KFZ-Haftpflichtversicherung nichts.

Eine weitere Möglichkeit, um z. B. Schäden an vermieteten Immobilien zu beschränken, bieten sog. Renovierungsklauseln im Mietvertrag. Diese Klauseln besagen, zu welchem Zeitpunkt was in der Immobilie zu renovieren ist. Jedoch ist bei einer solchen Klausel auf die aktuelle Gesetzeslage zu achten, andernfalls kann diese Klausel ggf. nicht gerichtlich durchgesetzt werden. Eine weitere Klausel, um Schäden vorzubeugen, ist die Umbauklausel. Diese Klausel besagt, was der Mieter nicht mit der ihm zur Verfügung gestellten Immobilie tun darf.

Hier sind z. B. gröbere Umbauten, wie z. B. Zimmer umzubauen oder Wände zu entfernen oder neu zu ziehen, mit gemeint. Denn dies gehört nicht in den Bereich der „normalen" Renovierung und ist in jedem Fall vorab mit dem Vermieter abzustimmen. Zu diesen beiden Punkten bestehen immer wieder Streitigkeiten, die nicht selten vor Gericht landen. Hierbei gilt es zum einen, eine gute und rechtsgültige Grundlage (Mietvertrag) sowie einen kompetenten Partner bei rechtlichen Fragen an der Seite zu haben.

Absicherung gegen rechtliche Streitigkeiten?

Rechtliche Streitigkeiten können im Bereich von Immobilien vielfältig sein. Diese können auch zwischen verschiedenen Parteien z. B. zwischen Vermieter und Mieter, zwischen Verwaltung und Eigentümer, zwischen Eigentümern und Mietern usw. ausgetragen werden. Häufige Gründe hierfür sind unter anderem Lärmbelästigungen, zu späte Zahlungen, fehlerhafte Abrechnung der Nebenkosten. Als Vermieter und Mieter besteht die Möglichkeit einer Rechtsschutzversicherung. Diese Versicherung trägt im Falle eines Rechtsstreites die Kosten im Rahmen des gemeldeten Falles. Hierbei ist jedoch eine genaue Dokumentation z. B. über einen Mietvertrag unerlässlich.

Bei Nebenkostenabrechnungen sind stets alle Rechnungen aufzubewahren und die Umlage genau zu prüfen. Denn nicht alle entstandenen

Kosten im Rahmen der Vermietung sind auf den Mieter umlegbar. Auch der Umlageschlüssel darf nicht unterjährig einfach gewechselt werden. Bei einer Mieterhöhung ist immer die ortsübliche Vergleichsmiete heranzuziehen, außerdem darf die Miete nicht beliebig angepasst werden. Die Grenzwerte sind in den entsprechenden Gesetzen nachlesbar.

Am einfachsten und besten sind Konflikte, die entweder nicht ausgetragen werden oder die Konflikte, die privat geklärt werden können. Hierbei ist es notwendig, dass beide Parteien nicht in eine festgefahrene Situation geraten und so auf ihr vermeintliches Recht pochen. Denn Recht haben und Recht bekommen, sind zwei unterschiedliche Dinge. Vor allem ist das Problem, wenn Sie das Recht vor Gericht erhalten haben, heißt es noch lange nicht, dass es auch durchgesetzt werden kann.

Denn wenn z. B. ein Mieter kein Geld mehr hat, um die nicht bezahlte Miete nachzuzahlen und die Schäden zu beseitigen, haben Sie zwar das Recht vor Gericht erhalten, allerdings bleiben Sie auf den Kosten buchstäblich sitzen. Denn der Mieter geht in die Insolvenz und Ihnen bleibt nur noch die Möglichkeit, die Mietausfallversicherung, sofern Sie eine abgeschlossen haben, zu kontaktieren und mit Ihrem Ersparten die Schäden zu beseitigen. Im schlimmsten Fall droht Ihnen als Vermieter, in sehr schweren Fällen selbst Insolvenz anzumelden und die Immobilie zu einem Bruchteil des Einkaufspreises zu verkaufen.

Daher ist die Auslese von Mietern eine notwendige Prozedur, um solche Probleme zu vermeiden. Außerdem können Versicherungen dabei helfen, in harten Fällen die Mieter aus der eigenen Immobilie zu bekommen. Siehe hierzu Kapitel „Welche Versicherungen können in Verbindung mit Immobilien nützlich sein?“ ab Seite 12 in diesem Buch.

Vermietung von Immobilien

Im Kapitel G Grundlagen der Immobilienwirtschaft wurde bereits auf die grundlegenden Inhalte zu Immobilien eingegangen. Hierbei wurde an einigen Stellen die Vermietung von Immobilien angeschnitten. Dieses Kapitel zeigt Ihnen genau auf, was Vermietung im Einzelnen bedeutet und wie die Vermietung durchgeführt wird. In der Anlage zu diesem Buch ab Seite 47 finden Sie verschiedene Vorlagen als Ergänzung zu dem vorliegenden Kapitel sowie als mögliche Hilfestellung, wenn Sie selbst in das Geschäft der Vermietung einsteigen möchten. Das Kapitel „

Vermietung von Immobilien“ wird in drei Unterkapitel geteilt und beantwortet die nachfolgend aufgeführten Fragestellungen:

OBJEKTORIENTIERTE VERMIETUNG

Im ersten Unterkapitel des Kapitels „

Vermietung von Immobilien" geht es um Objektorientierte Vermietung. Dieses Unterkapitel veranschaulicht Ihnen als Vermieter, wie Sie die einzelnen Immobilien bündeln und so einfach und kostengünstig vermieten können. Außerdem zeigt Ihnen dieses Unterkapitel auf, ob und an wen Sie sicher vermieten können, was Sie alles vermieten können sowie dessen Vor- und Nachteile. Außerdem erfahren Sie, wie Wissensmanagement im Bereich der Vermietung von Immobilien umsetzbar ist.

Dabei wird speziell auf die Objektorientiertheit eingegangen, mit dessen Hilfe die Vermietung gebündelt und strukturiert werden kann, damit die Vermietung einfach und kostengünstig vonstattengehen kann und eine wirtschaftliche Arbeitsweise garantiert werden kann.

Was bedeutet es, objektorientiert zu vermieten?

Objektorientiertheit ist vor allem in der Softwareentwicklung heimisch. Hier bedeutet es, dass der Quellcode definierten Objekten zugeordnet wird, um so Ordnung in das System zu bringen. Die Oberstruktur wird z. B. nach groben Funktionen gegliedert. In den einzelnen Funktionen werden Objekte definiert, in denen einzelne Quellcodes enthalten sind und entsprechende Aktionen ausführen. Doch wie verhilft dieses Prinzip bei der Vermietung? Diese Frage ist einfach zu beantworten. Dies geschieht, indem Sie einzelne Immobilien als Objekte klassifizieren und so die Vermietung realisieren. Dazu kann z. B. eine Wohnung innerhalb eines Gebäudes als ein Objekt klassifiziert werden. Den „Quellcode" stellen hier bei zwei Funktionen dar.

Diese beiden Funktionen stellen zum einen Ihre Mieter und zum anderen die Verwaltung dar. Durch diese beiden Funktionen greift Ihre Vermietung die Daten der Verwaltung und des Mieters ab und wirft im Idealfall einen Gewinn ab. Wie Sie sehen, bedeutet Objektorientiertheit nichts anderes, als Informationen und Wissen zusammenzuhalten, um bei geeigneter Zeit abrufen und anwenden zu können. Hierzu können verschiedene Managementsysteme zur Anwendung kommen, die dem

Immobilieneigentümer einfach und strukturiert Informationen und Wissen zur Verfügung stellen.

Was ist Informations- und Wissensmanagement?

Informations- und Wissensmanagement beschreibt innerhalb von Unternehmen den Umgang mit dem wichtigsten Kapital, ohne das es nicht überleben könnte. Hierbei ist mit Unternehmen jegliche Form der Unternehmung gemeint, auch wenn sie noch so klein ist. Als Unternehmung kann sogar eine Familie angesehen werden, die bestimmtes Wissen aufzeichnet und bei Bedarf abruft. Wissensmanagement liegt demnach bei jedem Menschen und kann auf unterschiedliche Art und Weise realisiert werden. Es kann einfach über einen Notizblock bis hin zu komplexen Datenbankanwendungen realisiert werden. Bei der Realisierung ist jedoch immer auf die Passgenauigkeit zu achten. Es nützt nichts, ein komplexes System anzuschaffen, dessen Funktionen nicht genutzt werden. Als ersten Schritt und bei wenigen Immobilien empfiehlt es sich, eine Ordnerstruktur z. B. in einer Cloud anzulegen. Die Cloud kann bei einem beliebigen Anbieter bereits zu geringen finanziellen Mitteln bezogen werden. Es wird jedoch an dieser Stelle aus Datenschutzgründen empfohlen, darauf zu achten, dass sich die Anbieter innerhalb Deutschlands oder im europäischen Raum aufhalten. Hierbei ist der Standort des Servers und nicht der Hauptsitz des Anbieters ausschlaggebend. Die Ordnerstruktur wird so angelegt, dass zu Beginn die verschiedenen Immobilien gelistet sind. Darunter können Ordner wie z. B. Verwaltung, Mieter und Bank für Mietkautionskonten geführt werden. In diesen einzelnen Ordnern werden weitere Unterordner für z. B. Abrechnungen, Mahnungen, Protokolle, Verträge usw. geführt.

Die Tabelle 4: Beispiel einer Ordnerstruktur zum Wissensmanagement auf Seite 17 zeigt eine mögliche Struktur auf, wie Informationen übersichtlich geführt werden können. Dabei ist zu beachten, dass die

Gliederungstiefe von maximal fünf Ordner bis zum eigentlichen Inhalt nicht überschritten wird. Diese Struktur kann ebenfalls auf die Ablage von Unterlagen in Papierform erfolgen. Hierbei werden jedoch Ordner und Trennblätter genutzt. Das System ist jedoch identisch. Die Tabelle 4: Beispiel einer Ordnerstruktur zum Wissensmanagement auf Seite 17 kann auch zur Verlinkung in einem Inhaltsverzeichnis genutzt werden. Dieses Inhaltsverzeichnis kann auf einer Webseite basieren, die geführt wird, um an die einzelnen Informationen einfach zu gelangen und ohne lange in der Ordnerstruktur zu suchen. Außerdem können zusätzliche Informationen zu den einzelnen Positionen erfasst werden.

Eine weitere und zugleich fortschrittlichere Möglichkeit besteht darin, ein Wissensmanagementsystem auf Webseitenbasis, z. B. in Form eines Wikis, zu führen. Ein Wiki ist eine Datenbank mit verschiedenen Informationen. Das Wiki wird ähnlich wie die Informationen in Tabelle 4: Beispiel einer Ordnerstruktur zum Wissensmanagement auf Seite 17 gegliedert. Allerdings kann hierbei weitaus feiner strukturiert werden. Dies wird dann notwendig, wenn viele Immobilien zur Verfügung stehen. Durch sog. Attribute und Relationen werden Informationen und Dokumente, die mehreren Immobilien zugeordnet werden können, nur einmal abgespeichert und im System verlinkt. Dadurch kommt eine Dateirelation zustande.

Attribute sind Informationen zu einem Dokument wie Titel, Ersteller, Datum usw., die am Dokument zur näheren Identifizierung vorhanden sind. Sie werden auch dazu genutzt, um schnell an Informationen zu gelangen, ohne das Dokument selbst zu öffnen.

An dieser Stelle wird von der Vorstellung weiterer Systeme zur Wissenssicherung abgesehen, da viele Möglichkeiten hierzu auf dem Markt bestehen und somit nicht alle vorgestellt werden können. Im Kapitel „Projekte und Wissensmanagement" ab Seite 34 wird die Umsetzung im Bereich von Immobilien skizziert.

Tabelle 4: Beispiel einer Ordnerstruktur zum Wissensmanagement [9]

Oberordner	Hauptordner	Unterordner 1	Unterordner 2	Inhalte
				Inhaltsverzeichnis Haus 1
	Verwaltung	Abrechnungen		
			Jahreszahlen	
				Abrechnung der Nebenkosten für das Jahr 2019
		Protokolle		
			Jahreszahlen	
				Protokoll der Eigentümerversammlung 2019
		Sonstiges		
			Jahreszahlen	
				Sonstige Mitteilungen der Hausverwaltung
	Mieter	Mieternummer	Vertrag	
Haus 1				Mietvertrag-Nummer

			Abrech-nungen	
				Nebenkostenabrechnung-Jahreszahl
			Sonstiges	
				Sonstige Korrespondenz
		Mieter-nummer		
Haus 2	Ver-wal-tung			
	Mieter			

Wissenssicherung wie sie in Tabelle 4: Beispiel einer Ordnerstruktur zum Wissensmanagement auf Seite 17 gezeigt ist, ist bereits bei einer vermieteten Immobilie notwendig, da Sie die Informationen ohne viel Sucherei auffinden wollen. Wer eine Immobilie besitzt und diese vermietet, kann einfach den Überblick behalten. Schwierig wird es, wenn Sie mehrere Immobilien zur Vermietung besitzen.

Was kann alles vermietet werden?

Prinzipiell können sämtliche Gegenstände privat und gewerblich vermietet werden. In der heutigen Zeit werden auch häufig Arbeitskräfte in Form von Überlassung von Arbeitnehmern (Leiharbeiter) hauptsächlich zum Abfangen von Spitzen vermietet. In der Immobiliensparte bezieht sich die Vermietung ebenfalls nicht nur ausschließlich auf ganze und leere Häuser. Im Bereich von Immobilien bestehen sehr viele Möglichkeiten, als Vermieter tätig zu werden. Dies kann von einem komplett eingerichteten Stundenzimmer bis hin zur Hausvermietung für eine Großfamilie sein. Doch beginnen wir bei den einzelnen Immobilien, die vermietet werden können. Im Anschluss werden die Unterschiede, die die einzelnen Vermietungen mit sich bringen, aufgezeigt.

Vermietungen können z. B. von folgenden Immobilien sein (Achtung unvollständige Liste):

28. Öffentliche Toilette

29. Stundenzimmer

30. Zimmer zur Übernachtung

31. Kellerraum

32. Garage

33. Wohnung

34. Ferienwohnung

35. Haus

36. Grundstück

Außerdem unterscheiden sich die aufgeführten Immobilien im erheblichen Ausmaß bei den Aufwendungen zur Vermietung.

Mögliche Aufwendungen sind in der Tabelle 5: Immobilien und mögliche Aufwendungen aufgeführt, wobei die Tabelle nicht alle Aufwendungen aufzeigt, da je nach Ausstattung der einzelnen Immobilien mehrere oder weniger Aufwendungen entstehen können. Aufwand entsteht immer dann, wenn in Verbindung mit einer vermieteten Immobilie Kosten entstehen. Hierbei können die Kosten kalkulierbar sein, z. B. die Reinigung nach Nutzung eines Zimmers. Jedoch können auch Kosten entstehen, die nicht kalkulierbar sind, dies sind z. B. außerordentliche Reparaturen sowie Vandalismus.

Tabelle 5: Immobilien und mögliche Aufwendungen [9]

Immobilie	Mögliche Aufwendungen und Risiken
Öffentliche Toilette	Reinigung, Vandalismus, Reparaturen
Stundenzimmer	Leerstand, Reinigung, Reparatur, Ausstattung, Verbrauchsmaterial
Zimmer zur Übernachtung	Leerstand, Reinigung, Reparatur, Ausstattung, Verbrauchsmaterial
Kellerraum	Leerstand, Reparaturen, Mietausfall
Garage	Leerstand, Reparaturen, Mietausfall

Wohnung	Leerstand, Reparaturen, Mietausfall
Ferienwohnung	Leerstand, Reinigung, Reparatur, Ausstattung, Verbrauchsmaterial
Haus	Leerstand, Reparaturen, Mietausfall
Grundstück	Verwilderung, Leerstand, Mietausfall

Jegliche oben aufgeführte Immobilie bringt verschiedene Vor- und Nachteile sowie verschiedene Risiken zur Vermietung mit sich. Wobei zeitweise vermietete Immobilien, z. B. Stundenzimmer oder Zimmer zur Übernachtung, ein geringeres Risiko zum Mietausfall mit sich bringen, da sie einer anderen Vertragsgrundlage unterliegen und an sog. Laufkundschaft vermietet wird. Jedoch ist hierbei das Risiko vom Leerstand extrem hoch. Bei einem vermieteten Haus oder einer Wohnung ist das Risiko umgekehrt, da der Mieter in der Immobilie sich langfristig aufhält.

Welche Vor- und Nachteile bringt die Vermietung von Immobilien?

Die Vermietung von Immobilien bringt gewisse Vor- sowie auch Nachteile mit sich. Der größte Vorteil besteht in den regelmäßigen Einkünften, die der Vermieter bezieht. Diese Einkünfte sind regelmäßig, das bedeutet, dass sie monatlich auf das Konto eintreffen. Dadurch werden regelmäßige Zahlungen wie Kredite oder Nebenkosten beglichen. Außerdem können Ansparungen z. B. für größere Renovierungen realisiert werden. Dies ist der wichtigste Zweig der Vermietung im Nebenerwerb. Das eigene Hobby bringt etwas Geld ins Haus und finanziert sich somit selbst, insofern keine größeren Schäden entstehen oder Mietnomaden sich einnisten. Zur Reduktion des Risikos eines Mietnomaden finden Sie im Kapitel „Risikobewertung und -management im Immobilienwesen“ ab Seite 25 mehr Informationen.

Hier kommen wir schon zu den Nachteilen. Nachteile bringen

Immobilien im Rahmen von Verpflichtungen mit sich. Wenn eine Immobilie angeschafft wird, ist es nicht mehr so einfach möglich, diese zu wechseln. Als Beispiel kann der eigene Wohnsitz dienen. Wer zur Miete wohnt, kann einfach die Wohnung wechseln. Bei einer gekauften Wohnung ist es nicht so einfach, da diese erst zu verkaufen ist. Weitere Nachteile entstehen, da das Eigentum selbst instand zu halten ist. Das bedeutet, dass Sie als Eigentümer für sämtliche Arbeiten wie z. B. die Heizung, die Fassade, das Dach selbst verantwortlich sind.

Auch wenn Sie in einer WEG die Immobilie besitzen, haben Sie als Gemeinschaft die gesamtheitliche Verantwortung gegenüber der Immobilie. Ein weiterer Nachteil entsteht dadurch, dass häufig ein Kredit zur Finanzierung der Immobilie abzuschließen ist. Denn die Kosten der Immobilie können oft so hoch sein, dass nur wenige Menschen Immobilien in bar, also ohne Kredit bezahlen können. Durch die Aufnahme eines Kredites entstehen Zinskosten. Wie Sie sehen können, gibt es im Rahmen von eigenen Immobilien viele Vor- und Nachteile, in der Tabelle 6: Vor- und Nachteile bei gekauften Immobilien zusammengefasst.

Tabelle 6: Vor- und Nachteile bei gekauften Immobilien [9]

Vorteile	Nachteile
37. Vorsorge für das Alter 38. Regelmäßige Einkünfte 39. Abzahlung eines Kredites 40. Schuldzinsen steuerlich absetzbar 41. Bei WEG Aufteilung der Kosten an mehrere Parteien	42. Gebunden an den Ort 43. Verpflichtung zur Instandhaltung 44. Mögliche hohe Kosten 45. Risiko zum Mietausfall 46. Hoher Verwaltungsaufwand 47. Wissen über Miet- und WEG-

	Recht notwendig zur Aneignung 48. Guthabenzins gilt als Einkommen 49. Hohes Vermögen 50. Erbschaftssteuer ggf. fällig 51. Aufnahme eines Kredites, dadurch entstehende Zinskosten

Wenn Sie in Immobilien investieren möchten, allerdings keinen Aufwand mit der Verwaltung und der Vermietung haben wollen, ist es notwendig, dass Sie entweder einen Verwalter beauftragen, der wiederum Kosten verursacht. Die andere Alternative besteht darin, keine Immobilien selbst zu kaufen, sondern in Immobilienfonds zu investieren. Allerdings bringen jede Art von Wertpapieren Risiken auf dem Aktienmarkt mit sich. Der größte Nachteil besteht darin, das komplette investierte Kapital zu verlieren, wenn der Fond, in den Sie investiert haben, an Wert verliert. Bei Fonds ist ein Totalverlust nicht gänzlich ausgeschlossen, jedoch unwahrscheinlich, z. B. im Vergleich mit Aktien. Wenn der Fond erfolgreich ist, werden Dividenden ausbezahlt, insofern Verluste erzielt werden, wird nichts ausbezahlt. Einige Vor- und Nachteile mit Immobilienfonds sind in Tabelle 7: Vor- und Nachteile von Immobilienfonds auf Seite 20 aufgeführt.

An dieser Stelle fragen Sie sich möglicherweise, was Fonds und Aktien sind. Fonds und Aktien stellen Wertpapiere dar, die Sie gegen Geld auf einer Börse z. B. an der Tradegate Exchange [11] erwerben können. Hierzu ist ein Brokerzugang bei einem Unternehmen oder einer Bank notwendig, um den Handel durchführen zu können. Dabei stellt der Broker eine Plattform wie z. B. einen Marktplatz dar, auf der aktive Händler Wertpapiere kaufen und verkaufen können. Außerdem wird noch ein

Depot zur Verwahrung der Wertpapiere z. B. bei einer Bank benötigt. Ein Wertpapier stellt somit eine Beteiligung an einem Unternehmen oder ein Schuldverhältnis dar. Wertpapiere können neben Aktien und Fonds auch in anderen Arten wie z. B. Zertifikate ausgegeben werden. Dabei ist es wichtig zu wissen, dass nicht alle Wertpapiere auf dem Börsenmarkt frei gehandelt werden [12].

Tabelle 7: Vor- und Nachteile von Immobilienfonds [9]

Vorteile	Nachteile
52. Keine Aufwände 53. Keine Reparaturen 54. Keine Probleme mit Mietern 55. Keine Kosten 56. Ausschüttung von Dividenden 57. Einfacher Zukauf durch Ansparplan 58. Einfacher Verkauf durch Auszahlplan	59. Abhängig vom Fondsanbieter 60. Schwankungen bedingt durch Aktienmarkt 61. Risiko durch Totalverlust 62. Dividenden sind steuerpflichtig 63. Beobachtung des Aktienmarktes notwendig 64. Langfristige Geldanlage 65. Genaue Informationen über die Entwicklung und die Investition der verschiedenen Fondsanbieter notwendig 66. Depot bei Bank notwendig 67. Gebühren für das Depot fallen an

Zusammenfassend lässt sich somit sagen, dass das Geschäft mit Immobilien, dabei ist es völlig irrelevant, ob es sich bei dem Besitz um eigene Immobilien oder um Immobilienfonds handelt. Beide Formen sind in irgendeiner Form zu verwalten und besitzen dadurch einzelne positive und negative Eigenschaften, die im Einzelnen abzuwägen sind. Hierbei kann es notwendig sein, externe Berater z. B. in Form von Finanz- und/oder Steuerberater hinzuzuziehen. Diese sind jedoch auch keine Hellseher und können nicht in die Zukunft schauen und können somit auch keine Sicherheit bieten, dass die gewählte Form einen Gewinn bringt. Wie bei jeglichem sonstigem Handeln sind Sie auch bei einer Beratung weiterhin für sich selbst verantwortlich. Denn es kann Sie niemand zu etwas zwingen. Wie immer gilt auch hierbei, wenn Sie ein komisches Gefühl haben, dann überdenken Sie das nochmals, bevor Sie etwas zu schnell unterschreiben.

Kann sicher vermietet werden und an wen?

Viele Eigentümer stehen vor der Entscheidung, an wen sie vermieten sollen oder können, damit das Mietgeschäft zu keinem Verlustgeschäft wird. Daher stellt sich immer wieder die Frage, an wen sicher vermietet werden kann. Grundsätzlich kann die Frage nicht mit einer bestimmten Zielgruppe beantwortet werden. Viel mehr lässt sich die Frage durch Bildung einer Strategie beantworten, indem der Eigentümer strategisch auf bestimmte Zielgruppen eingeht.

Strategie bedeutet in diesem Sinne, dass zu überlegen ist, ob die Immobilie wirklich als Vermietung zu Wohnraum abgegeben wird oder ob die Immobilie tageweise an eine bestimmte Zielgruppe z. B. Studenten, Arbeitnehmer oder Messebesucher vermietet werden kann. Auch eine Vermietung an Gesellschaften oder Unternehmen ist denkbar.

All diese Möglichkeiten bieten jedoch keinen kompletten Schutz gegen Mietausfall, jedoch bieten sie dem Vermieter andere Möglichkeiten zur Handhabe, im Falle, dass der Mieter nicht mehr bezahlt. Wenn Sie einem Unternehmen oder einer Organisation Ihre Immobilie vermieten, übergeben Sie Ihre Immobilie in erster Linie zur Vermietung an das Unternehmen oder die Organisation. Hierbei ist es wichtig, dass Sie die Berechtigung zur Untermiete erteilen, gleichzeitig Informationspflicht vereinbaren. Das gewährleistet Ihnen einen Überblick der Mieter in Ihrer Immobilie. Wenn der Untermieter nicht bezahlt, ist das nicht in erster Linie Ihr Problem, sondern das Problem Ihres Mieters, da Sie mit dem Untermieter kein Vertragsverhältnis haben.

Wenn jedoch das Unternehmen bzw. die Organisation, mit dem Sie das Vertragsverhältnis besitzen, nicht mehr bezahlt, dann haben Sie die Möglichkeit, Mahnantrag beim zuständigen Amtsgericht zu erheben. Dieser Mahnantrag kann in besonders schweren Fällen zu einem negativen Schufa Eintrag kommen. Dies ist bei Unternehmen und Organisationen sehr unerwünscht, insofern das Unternehmen bzw. die Organisation weiter fortbestehen bleiben soll. Übrigens: Der Mahnantrag beim Amtsgericht geht nicht nur bei Unternehmen und Organisationen, sondern auch bei Privatleuten. Jedoch ist es immer vorab empfehlenswert, selbst zwei Mahnungen zu erstellen, damit der Mahnantrag beim zuständigen Amtsgericht bewilligt wird.

Sie fragen sich sicherlich nun, warum überhaupt die Frage gestellt wird, wird an ein Unternehmen oder an eine Organisation vermietet. Das Problem ist, dass diesen Vorteil für Sie als Vermieter und die Nachteile ihnen als Unternehmen und Organisationen diese schon längst eingesehen haben und dadurch nur sehr wenige Unternehmen oder Organisationen Mietverträge eingehen, bei denen sie später Untermieter einziehen lassen.

Bei der tageweisen Vermietung besteht eine andere vertragliche Grundlage. Der Gast ist für einen zuvor gebuchten Zeitraum im Zimmer. Falls er das Zimmer nicht vorab bezahlt, haben Sie die Möglichkeit, ihn nicht in das Zimmer zu lassen. Allerdings ist es hierbei notwendig, dass die Zahlung im Voraus in Ihren Allgemeinen Geschäftsbedingungen (AGB) als Bedingung enthalten ist. Andernfalls kann sich der Gast darauf herausreden, dass er z. B. angereist ist, um das Geld erst zu verdienen und später damit das Zimmer zu bezahlen. In schweren Fällen kann die Polizei hinzugezogen werden, um den Gast des Zimmers zu verweisen.

Wie Sie sehen, bestehen auch hier Vor- und Nachteile. Eine vermietete Immobilie hat den Vorteil, dass Sie sich nicht um Buchungen und Laufkundschaft sowie Frühstück, Mobiliar und saubere Zimmer kümmern müssen, allerdings besteht hier der große Nachteil, dass Sie den Mieter nicht so einfach loswerden können. Gesetzlich kann ein Mieter per Gerichtsvollzieher erst nach dem dritten hintereinander folgenden Mietausfall der Wohnung verwiesen werden. Bei der Zimmervermietung ist dies sofort möglich, wenn er z. B. für fünf Tage bucht, aber länger bleibt, ohne es abgesprochen zu haben.

PRIVATE VERMIETUNG

Bisher ist häufig von Vermietung die Rede gewesen. Bei der Vermietung von privat erfolgt die Vermietung von privaten Eigentümern, also Immobilienbesitzern, die ihre Wohnung oder ihr Haus anderen Personen zur Nutzung überlassen. Es wurden bereits einige Unterschiede der Vermietung beschrieben. Allerdings gibt es grundlegend zwei Arten von Vermietungen. Hierbei wird häufig von privater und unternehmerischer Vermietung gesprochen. Im Rahmen der privaten Vermietung bestehen einige Hürden, die jeder Eigentümer kennen sollte, bevor er mit der Vermietung beginnt.

Was bedeutet es, privat zu vermieten?

Als Vermietung wird im Allgemeinen verstanden, dass Gegenstände zur

Nutzung anderen Personen für eine Gegenleistung überlassen werden. Diese Überlassung von Gegenständen kann von stunden- über tage- bis hin zu wochenweise oder für eine unbefristete Zeit erfolgen. Die private Vermietung erfolgt dadurch, dass privat zwischen Personen Gegenstände vermietet werden. Gegenstände können Werkzeuge, Maschinen, Autos, Zimmer, Wohnungen, Häuser etc. sein. Dabei ist der Gedanke, dass Personen, die diese Gegenstände besitzen, anderen diese für eine Gegenleistung überlassen. Diese Gegenleistung wird häufig vertraglich geregelt und ist meistens geldförmig.

Das bedeutet, dass Gegenstände gegen Bezahlung vermietet werden. Als privater Vermieter stellt die Vermietung keine selbstständige Tätigkeit dar und ist somit auch nicht umsatzsteuerpflichtig. Allerdings sind Einkünfte aus der Vermietung und Verpachtung im Rahmen der Einkommenssteuererklärung des laufenden Jahres steuerpflichtig. Das bedeutet, dass Sie als Vermieter zur Abgabe der Steuererklärung bis zu einem bestimmten Zeitpunkt im Jahr (derzeit ist das Ende Mai) verpflichtet sind. Durch die Abgabe der Steuererklärung berechnet das Finanzamt die Steuerschuld durch die Einnahmen im Rahmen der Vermietung und Verpachtung.

Kann jeder privat vermieten?

Grundsätzlich kann jeder privat vermieten, der Gegenstände zur Vermietung besitzt und entsprechend auf sich aufmerksam macht, also Werbung für seine zu vermietenden Gegenstände betreibt. Häufig ist jedoch das Problem, dass sich viele Personen nicht in die Vermietung trauen. Dies hat häufig zwei Ursachen. Zum einen besteht die erste große Hürde im Kauf einer Immobilie. Neben den Eigenmitteln von ca. 20 % des Kaufpreises erwarten Banken häufig, dass ihre Kunden die kompletten Kaufnebenkosten, also Notariats- und ggf. Maklerkosten sowie die Grunderwerbssteuer selbst bezahlen. Die Nebenkosten zum Kauf können bis zu 20 % des Kaufpreises betragen. Diese Kosten sind selbst für fleißige Sparer kaum zu realisieren. Selbst wenn ziehen die glücklichen Immobilienbesitzer selbst ein und denken nicht in erster Linie an die Vermietung.

Der zweite Grund für die zögernde Bereitschaft, als Vermieter tätig zu sein, besteht in der Komplexität der Vermietung sowie die Furcht, etwas falsch zu machen und die Furcht auf einen Mietnomaden zu geraten, der weder die Miete bezahlt und dann noch die Immobilie zerstört. Doch mögliche Absicherungen gegen Mietnomaden wurden im Kapitel „Versicherungen" ab Seite 12 beschrieben. Eine weitere Möglichkeit besteht zur Vermietung, wenn Sie Ihr Eigentum an ein Unternehmen bzw. an Ihr eigenes Unternehmen vermieten.

Besteht die Möglichkeit, an ein (eigenes) Unternehmen zu vermieten?

Die Vermietung von privat kann an privat aber auch an Unternehmen erfolgen. Hierbei stellen Sie Ihre Immobilie nicht für private Personen zur Verfügung, sondern für Unternehmen oder Ihr eigenes Unternehmen, falls vorhanden. Hierbei haben Sie den Vorteil, dass seriöse Unternehmen sich keine negativen Einträge in der Schufa leisten können. Denn dadurch werden sie kreditunwürdig. Wichtige Geschäftsbeziehungen mit anderen Unternehmen sowie bei Kapitalbedarf für evtl. Investitionen können bei negativen Einträgen benötigte Kredite durch Kreditunternehmen verweigert werden. Somit haben Unternehmen großes Bestreben, negative Einträge zu vermeiden.

Außerdem haben Sie bei der Vermietung an Ihr eigenes Unternehmen den Vorteil, dass Sie Ihre eigene, private Immobilie Ihrem Unternehmen zur Verfügung stellen. Der entscheidende Vorteil bei der Vermietung an Ihr eigenes Unternehmen besteht darin, dass Sie das Gebäude in der Anfangsphase zu sehr wenigen Mitteln vermieten können.

Somit haben Sie privat wenig Nachteile, da Sie in Ihr Unternehmen investieren. Im Gegenzug hilft es Ihrem Unternehmen, gerade in der Startup-Phase dadurch, dass wenige fixe Kosten anfallen und so das Unternehmen einfach starten kann. Der Mietzins kann im Anschluss erhöht werden. Allerdings ist hierbei zu beachten, dass der Mietzins ortsüblich und vergleichbar ist. Andernfalls spricht das Finanzamt von einer verdeckten Gewinnausschüttung, wenn Sie es mit dem Mietzins übertreiben sollten. Verdeckte Gewinnausschüttungen können bis zu Ermittlungen durch das Finanzamt und in schweren Fällen zur Anklage vor Gericht führen. Aus diesem Grund ist immer der örtliche Mietspiegel heranzuziehen. Dies gilt im Übrigen nicht nur für die Vermietung an Ihr oder an andere Unternehmen, sondern auch an privat. Die ortsübliche Vergleichsmiete ist bindend und darf nur in bestimmten Fällen sowie in bestimmter Höhe überschritten werden.

VERMIETUNG ALS UNTERNEHMER

Wie auch private Vermieter können auch unternehmerische Vermieter als solche tätig werden. Der Unterschied zwischen privater und unternehmerischer Vermietung besteht im Wesentlichen durch nebenberuflicher und hauptberuflicher bzw. selbstständiger Tätigkeit. Zur unternehmerischen Vermietung ist es notwendig, dass Sie somit ein entsprechendes Unternehmen führen. Dieses Unternehmen kann z. B. eine Treuhand- oder eine Verwaltungsgesellschaft sein, die sich um Belange der Vermietung, aber auch um die Verwaltung von Immobilien kümmert.

Was bedeutet es, unternehmerisch zu vermieten?

Als Unternehmer führen Sie ein Unternehmen und gehen somit einer selbstständigen Tätigkeit nach. Die einfachste Möglichkeit, unternehmerisch zu vermieten, besteht darin, ein Hotel zu betreiben. Hier haben Sie einige Zimmer, die Sie vermieten können. Je nach Größe der Anlage können Sie Mitarbeiter (MA) einstellen und so die Zimmer reinigen und den Gästen einen guten Service bieten.

Es ist auch möglich, dass Sie eine Wohnbaugesellschaft haben. Diese baut und betreibt Immobilien, die aktiv an Mieter vermietet werden. Solche Wohnbaugesellschaften sind jedoch nicht von jetzt auf gleich realisierbar und bedürfen jahrelang des Aufbaus. Aus diesem Grund ist der Einstieg ins Immobiliengeschäft mit einer selbstständigen Tätigkeit mit einer Treuhand- und Verwaltungsgesellschaft realistisch. Hierbei haben Sie Kunden, z. B. einzelne Eigentümer, die Sie mit der Vermietung und Verwaltung beauftragen. Hierbei gehört Ihnen die Immobilie nicht, Sie sind jedoch für den Erhalt, die Reparatur, die Vermietung und die Verwaltung komplett zuständig, sodass der Eigentümer nichts weiter zu machen hat. Es ist auch denkbar, dass Sie nur Teile als Vertrag erhalten. Hierbei sind folgende Bereiche denkbar:

68. Die Vermietung definierter Immobilien
69. Die Verwaltung eines Gebäudes mit mehreren Parteien
70. Die Erstellung der Nebenkostenabrechnung für einzelne Immobilien oder gesamte Anlagen

Hierbei tragen Sie bei der Annahme des Auftrages die Verantwortung über die korrekte Arbeitsweise sowie die korrekte Abrechnung mit den Mietern. Anders als private Vermieter haben Sie als Unternehmer keine Tätigkeit als Arbeitnehmer. Sie führen ein Unternehmen, Ihr eigenes Unternehmen. Hierbei kommen weitere Punkte auf Sie zu, die in erster Linie nichts mit den Vermietungs- oder Verwaltungsaufgaben zu tun haben. Diese Aufgaben bestehen in der Führung des Unternehmens. Das bedeutet die Abrechnung von Sozialabgaben und Steuer sowie die Führung von Personal und das Einholen von Aufträgen, damit Sie das Unternehmen halten können.

Kann jedes Unternehmen Vermietungen durchführen?

Wie auch jeder Private Immobilienbesitzer sein kann, kann auch prinzipiell jedes Unternehmen als Vermieter tätig werden. Hierbei ist jedoch einiges zu beachten. Wenn Ihnen als Unternehmer, oder dem Unternehmen selbst, die Immobilie gehört und Sie Teile dieser Immobilie nicht nutzen, können Sie diese bedenkenlos vermieten. Wenn Sie jedoch selbst Mieter in der Immobilie sind, brauchen Sie als Erstes eine schriftliche Einwilligung Ihres Vermieters, dass Sie Teile weitervermieten können. Bei der Weitervermietung sind jedoch einige Details zu beachten.

Sie werden ab dem Zeitpunkt, ab dem Sie die Genehmigung von Ihrem Vermieter zur Untermiete erhalten haben und einen Mieter in die Immobilie einziehen lassen, selbst zum Vermieter. Das bedeutet, dass Sie in erster Linie für den Eigentümer der Immobilie der Ansprechpartner sind und für die pflegliche Behandlung der Immobilie verantwortlich sind. Auch wenn Ihr Untermieter die Immobilie beschädigt, Ihnen keine Miete bezahlt oder andere Schwierigkeiten bereitet, haben Sie weiterhin die Pflicht, die vollständige Miete an Ihren Vermieter zu bezahlen. Andernfalls riskieren Sie eine Kündigung des Mietvertrages und einen negativen Eintrag in der Schufa. Daher ist auch hier die korrekte Auswahl der Mieter von größter Bedeutung, damit Sie nicht hinterher Probleme mit Ihrem Vermieter haben.

Außerdem ist noch zu beachten, dass die Teile der Immobilie, die Sie an Ihren Untermieter weitervermieten, entsprechend abgerechnet werden können. Das bedeutet, dass sämtliche Kosten wie Strom, Telefon, Wasser, Abwasser und Heizung klar getrennt werden. Das erleichtert die spätere Abrechnung der Nebenkosten sehr. Je nach Abmachung mit dem Eigentümer der Immobilie kann es sein, dass Sie als Untermieter für die Abrechnung zuständig sind und der Eigentümer nichts damit zu tun haben möchte.

DATENSCHUTZ BEI DER VERMIETUNG VON IMMOBILIEN

Die Erhebung von Daten im Rahmen einer Vermietung ist ein notwendiges Werkzeug, um sich als Vermieter bestmöglich über den potentiellen Mieter zu informieren. Hierzu gehören persönliche Daten wie z. B. der Name usw., aber auch finanzielle Auskünfte aus der Schufa sowie die Rückfrage vom alten Vermieter. Die Datenerhebung untersteht jedoch einigen Regeln und Gesetzen. Diese werden im nachfolgenden Kapitel wiedergegeben.

Was ist mit Datenschutz gemeint?

Mit Datenschutz werden umgangssprachlich häufig zweierlei Dinge gemeint. Das ist zum einen der Schutz personenbezogener Daten vor Diebstahl durch Dritte und zum anderen die Herausgabepflicht von Daten an verschiedene Unternehmen. Daher ist am 25. Mai 2018 die Europäische Datenschutzgrundverordnung (DSGVO) in Kraft getreten [13]. Die DSGVO unterscheidet demnach zweierlei Tätigkeiten in Verbindung mit Daten [13, S. 1 im PDF]:

71. Das Verarbeiten von Daten: Hierzu gehört das elektronische wie auch handschriftliche Erheben, Erfassen, Ordnen, Speichern, Verändern, Abfragen und Verwenden von personenbezogenen Daten.

72. Die Offenlegung von Daten: Hierzu gehört das Übermitteln, Abgleichen, Verknüpfen, Löschen und Vernichten von personenbezogenen Daten, dabei wird auch hier nicht unterschieden zwischen elektronischer und handschriftlicher Offenlegung.

In beiden Fällen legt die DSGVO den Grundsatz der Datensparsamkeit zugrunde. Das bedeutet, dass nicht beliebig viele Daten über den Mieter sowie deren Familienangehörige abgefragt werden.

Hierbei unterscheidet die DSGVO vier verschiedene Rechtsgrundlagen in Bezug zur Datenverarbeitung im Bereich der Vermietung [13, S. 2 im PDF]:

73. Zur Vertragserfüllung notwendige Daten, z. B. Mietvertrag.
74. Weitergabe an berechtigte Interessen, z. B. an die Bank für Mietkaution oder die Verwaltung für die Abrechnung der Nebenkosten.
75. Zur Erfüllung einer Rechtspflicht des Vermieters, z. B. die Durchsetzung einer Räumungsklage oder Erstellung eines Mahnantrages beim zuständigen Amtsgericht.
76. Einwilligung des Mieters zur Verarbeitung seiner Daten unter Beachtung der neuen DSGVO und deren Aushändigung.

Als weiteren Punkt wird häufig der Datenschutz in Form von Sicherung personenbezogener Daten gegen unberechtigten Zugriff gemeint.

Was ist datenschutztechnisch zu beachten?

Bei der Sicherung personenbezogener Daten geht es darum, dass sämtliche Daten so unter Verschluss gehalten werden, dass ohne entsprechende Entschlüsselung keine unberechtigte Person diese Daten einsehen und abgreifen kann. Diese Verschlüsselung von Daten ist auch in jedem Unternehmen selbst ein großes Thema, denn kein MA darf einfach so Daten von Kunden und Lieferanten auslesen können. Es ist zwingend ein Grund für die Erhebung bzw. die Offenlegung von Daten notwendig. Selbst bei einem berechtigten Grund dürfen die eingesehenen Daten nicht an andere weitergegeben werden.

War es früher üblich, Akten für MA zu führen, so waren sie stets in einem Raum unter Verschluss, sodass nur ein bestimmter Personenkreis diese Akten einsehen konnte. Bei höchst brisanten Daten, z. B. Bankdaten, wurden diese in einem Hochsicherheitstrakt, „Safe“, aufbewahrt.

Diese Maßnahmen gewährleisteten, dass kein unberechtigter Dritter an die Daten gelangen kann. Heute, durch die elektronische Datenverarbeitung, gestaltet sich die Sicherung von Daten gegen unberechtigten Zugriff immer schwieriger, da die Systeme so vernetzt sind, dass jeder alles einsehen kann. Daher ist es notwendig, Systeme zu schaffen, die erhobene Daten schützen. Hierbei gibt es einige Möglichkeiten, wie der Schutz vor unberechtigtem Zugriff realisiert werden kann. Einerseits ist der physische Schutz (wie damals der Ordner) notwendig. Dies wird häufig durch Rechenzentren und verschlossene Räume gewährleistet. Der digitale Schutz ist jedoch schon aufwändiger. Hierzu können Berechtigungsstufen erforderlich sein, dass nur gewisse MA alle Daten einsehen können bzw. gewisse Programme zur Entschlüsselung benötigt werden. Dies alles ist ein hoher Aufwand zur Datensicherheit, diesen Aufwand hat auch ein privater Vermieter, da er mit den Daten von seinen Mietern hantiert. Jedoch wird ein privater Vermieter kein Rechenzentrum beauftragen. Allerdings bestehen auch für kleine Vermieter bereits einfache Möglichkeiten, die Daten vor unberechtigtem Zugriff zu schützen. Diese Möglichkeiten sind:

77. Speicherung der Daten auf einem externen Datenträger, der passwortgeschützt ist und an einem verschlossenen Ort gelagert wird.

78. Speicherung der Daten in einer speziellen Onlineumgebung, die konform mit den Richtlinien der DGSVO sind.

79. Eine Verwaltung mit der Abwicklung des Vermietergeschäfts beauftragen, damit entfällt jede Sorge um den Datenschutz und die Beachtung der DGSVO.

An dieser Stelle wird nicht weiter auf den Datenschutz und die DGSVO eingegangen. Im Quellen- und
Literaturverzeichnis finden Sie weiterführende Literatur zu diesem Thema.

RISIKOBEWERTUNG UND -MANAGEMENT IM IMMOBILIENWESEN

Die Bewertung von Risiken gehört zu den täglichen Aufgaben eines Menschen. Dies kommt daher, da jeder Mensch jeden Tag mit Schwierigkeiten und Problemen konfrontiert wird, die er zu bewerten und abzuwägen hat, bevor eine Entscheidung getroffen werden kann. Hierbei können sehr unterschiedliche Fälle und Resultate entstehen. Diese sind jeweils im Einzelnen zu bewerten und entsprechend abzuarbeiten. Risiken können dabei sehr unterschiedlich und weniger oder mehr gravierend ausfallen.

Wie wird ein Risiko ausgemacht und kalkuliert?

Bei der Kalkulation von Risiken ist immer zuerst ein Szenario notwendig, die die betroffene Fragestellung definiert. Ein mögliches Risiko ist, dass wenn Sie mit dem Auto fahren, dieses ohne Treibstoff im Tank stehen bleibt. Damit dieses Risiko kalkulierbar wird, haben die Automobilhersteller eine Füllstandsanzeige für den Tank gut sichtbar im Bereich des Geschwindigkeitsanzeigers angebracht. Im Bereich von Immobilien wurden bereits im Kapitel „Versicherungen" ab Seite 12 einige Risiken aufgezeigt. Sie fragen sich sicherlich, wie Sie Risiken im Zusammenhang mit Immobilien erkennen und sogar abwenden können. Diese Frage ist einfach zu beantworten. Risiken entstehen immer dann, wenn:

80. Ein Personenschaden droht: Wenn Sie oder Ihr Mieter verletzt werden.
81. Ein Umweltschaden droht: Wenn umweltschädliche Stoffe in die Umwelt gelangen.
82. Ein Sachschaden droht: Wenn Ihre Immobilie beschädigt wird.
83. Ein Kapitalschaden droht: Wenn Sie einen finanziellen Verlust erleiden.

Die potenzielle Gefahr kann dabei sehr gut ersichtlich sein, kann jedoch auch in einigen Fällen versteckt liegen, sodass im ersten Moment nicht an dieses Risiko gedacht wurde.

Ein mögliches Beispiel ist das Risiko durch Wetter- und Umwelteinfluss. Hier können z. B. starke Unwetter oder Erdbeben, aber auch Überflutungen oder Feuer zu verschiedenen oben genannten Schäden führen. Die Kalkulation dieses Risikos beginnt mit der Umgebung.

Wenn Sie z. B. nicht am Wasser leben, sondern sehr weit weg, ist die Gefahr der Überflutung gering, ebenso bei der Gefahr durch Erdbeben. Wenn Sie in einem Kontinent leben, in dem es praktisch nie zu Erbeben kommt, besteht zwar die Gefahr weiterhin, sie ist jedoch gering.

Nach diesem Muster gehen z. B. Versicherungen vor, sie berechnen die Wahrscheinlichkeit, dass ein Risiko eintritt und schlagen die Wahrscheinlichkeit entsprechend auf den Preis der Versicherung um. Dies wird risikoorientierte Bepreisung genannt [2, S. 2968 ff]

Wie können Risiken gemanagt werden?

Das Management von Risiken ist ein Unternehmensprozess, der nicht nur in das Topmanagement gehört, sondern jeden einzelnen MA betrifft. Hierbei sind auch nicht nur Unternehmen betroffen, sondern auch private Haushalte. Allerdings sind die Risiken im privaten Umfeld nicht so komplex wie bei selbstständiger Tätigkeit oder im Bereich von Immobilien. Das Management von Risiken ist grundsätzlich in vier Phasen aufgeteilt [2, S. 2966]:

84. Identifikation von Risiken
85. Bewertung von Risiken
86. Steuerung von Risiken
87. Kontrolle von Risiken

Daher ist es notwendig, die Risiken im ersten Schritt auszumachen und aufzuschreiben. Als zweiter Schritt erfolgt die Bewertung der ausgemachten Risiken. Die Bewertung kann in verschiedenen Stufen erfolgen. Die Tabelle 8: Bedeutung einer möglichen Risikoabstufung veranschaulicht beispielhaft durch eine sehr grobe Einstufung, welche Folgen eine bestimmte Risikostufe für definierte Bereiche hat. Hierbei wird immer vom schlimmsten Fall ausgegangen. Die farbliche Markierung in Tabelle 8: Bedeutung einer möglichen Risikoabstufung zeigt im Ampelsystem die Akzeptierung des Risikos an. Rot ist dabei inakzeptabel und Grün akzeptabel.

Tabelle 8: Bedeutung einer möglichen Risikoabstufung [9]

Risikostufe	Folgen im Bereich von		
	Personen	Umwelt	Materiell
Hoch	Tote	Sehr starke Kontamination	Extremer Schaden
Mittel	Schwerverletzte	Starke Kontamination	Hoher Schaden
Schwach	Verletzte	Kontamination	Mäßiger Schaden
Marginal	Leichtverletzte	Leichte Kontamination	Kleiner Schaden
keine	-	-	-

Die Tabelle 9: Beispiele von Risiken und deren Einstufung in verschiedenen Bereichen zeigt mögliche ausgemachte Risiken und deren Bewertung auf. Diese Tabelle ist beispielhaft aufgebaut und bei Weitem nicht vollständig. Sie zeigt mögliche Risiken und deren Einstufung auf. Hierbei ist immer zu beachten, dass die Risiken von Immobilie zu Immobilie sehr unterschiedlich sein können. Außerdem liegt es in der Natur der Vielfalt, dass nicht alle Immobilien die gleichen Voraussetzungen haben, damit jedes Risiko eintreten kann. Ebenso ist es denkbar, dass einige Immobilien höheren Risiken als andere Immobilien ausgesetzt sind. Hierbei spielen verschiedene Faktoren eine Rolle. Faktoren können hierzu z. B. der Standort, das Alter, aber auch die Zielgruppe sein.

Tabelle 9: Beispiele von Risiken und deren Einstufung in verschiedenen Bereichen [9]

Risiko	Schäden im Bereich von		
	Personen	Umwelt	Materiell
Einsturz der Immobilie	Hoch	Hoch	Hoch
Heizung mit Heizöl	Marginal	Hoch	Mittel
Heizung mit Gas	Mittel	Schwach	Hoch
Eklektischer Strom	Hoch	Keine	Hoch
Mietausfall	Keine	Keine	Keine
Mietnomade	Keine	Keine	Hoch

Die Tabelle 9: Beispiele von Risiken und deren Einstufung in verschiedenen Bereichen auf Seite 26 zeigt die jeweiligen Risiken und deren Einstufung tabellarisch auf. Allerdings zeigt die Tabelle nicht die Beweggründe zur Einstufung auf. Die Einstufung der Risiken erfolgt z. B. in einem Einstufungsbericht.

Dieser Bericht veranschaulicht die Beweggründe, warum dieses

Risiko aufgenommen wurde und wieso es in welchem Bereich wie eingestuft wurde. Außerdem enthält der Bericht Vorschläge, wie das Risiko zu minimieren ist bzw. das Risiko auf ein erträgliches Maß reduziert werden kann.

Wie ist die Abwendung der Risiken bzw. deren Minimierung möglich?

Durch die beiden Phasen Steuerung und Prüfung der Risiken ist es möglich, die ausgemachten und kategorisierten Risiken durch geeignete Maßnahmen überschaubar zu machen. Hierbei werden für jedes Risiko, das eine unakzeptable Einstufung hat, Maßnahmen zur Reduzierung des Risikos getroffen.

Hierbei wurde in der Tabelle 8: Bedeutung einer möglichen Risikoabstufung auf Seite 26 bereits die Akzeptanz der einzelnen Risikoklassen farblich dargestellt. Wenn ein Risiko mit einem dieser Stufen eingestuft wird, so ist das Risiko auf eine akzeptable Einstufung zu bringen. Wenn z. B. eine Einstufung mit „Rot" vorgenommen wurde, so ist diese Einstufung auf „Orange" oder „Grün" zu reduzieren. Die Reduktion kann z. B. mithilfe einer geeigneten Versicherung oder durch andere geeignete Maßnahmen erfolgen. In der Tabelle 9: Beispiele von Risiken und deren Einstufung in verschiedenen Bereichen ist vom Risiko „Einsturz der Immobilie" die Rede, dieses Risiko wurde immer mit "Rot" bewertet, da eine einstürzende Immobilie erheblichen Schaden und tote Personen nach sich zieht. Allerdings ist das kein Risiko, das Sie als Eigentümer bzw. Vermieter zu tragen haben. Dieses Risiko wird bereits beim Bau der Immobilie berücksichtigt und so ausgelegt, dass es in der heutigen Zeit praktisch keine Einstürze mehr gibt und selbst wenn, ist der Architekt bzw. das ausführende Bauunternehmen in der Pflicht.

Eine Heizung, die noch mit Heizöl befeuert wird, benötigt einen Vorrat an Heizöl. Dieser ist häufig im hauseigenen Tanklager oder direkt im

Boden verbaut. Die Einstufung erfolgt hier wieder mit „Rot", da ein auslaufender Tank extreme Umwelt- und somit auch materielle und finanzielle Schäden mit sich bringen würde. Daher werden die Tanks häufig so eingebaut, dass im Falle eines Auslaufens nichts in die Umwelt gerät. Direkt im Boden befindliche Tanks haben zwei Hüllen. Zwischen den zwei Hüllen herrscht ein gewisser Druck, der laufend überwacht wird. Bei einer Abweichung wird ein Alarm ausgegeben.

Wie Sie sehen, bestehen einige Möglichkeiten, ausfindig gemachte Risiken zu minimieren. Die Risikominimierung erfolgt auf fünf verschiedene Arten [5, S. 66 ff]:

88. Vermeidung von Risiken durch Unterlassen der Tätigkeit.
89. Vermeidung von Risiken durch Eingrenzen des Schadenmaßes.
90. Verlagerung oder Begrenzung der Risiken auf Vertragspartner.
91. Akzeptierung der Risiken durch Annahme der möglichen Auswirkungen.

Ebenso wie das Ausfindigmachen der Risiken gehört das Minimieren zu den Aufgaben eines Unternehmers oder Vermieters. Hierbei ist es nicht nur wichtig, die Risiken zu minimieren, sondern auch laufend zu überwachen. Denn die Risiken können sich im Laufe der Zeit verändern oder die getroffenen Maßnahmen sind veraltet und greifen nicht mehr wie gewünscht.

Daher ist ein regelmäßiges Controlling der gefundenen Risiken, der Einstufung in die korrekte Risikostufe sowie die erhobenen Maßnahmen zur Minimierung des Risikos zu überwachen. Außerdem gehört es auch zum Controlling, dass die bereits ausfindig gemachten Risiken laufend überprüft und ggf. erweitert werden. Die laufende Kontrolle und Erweiterung der Risiken hängt sehr stark vom Lebenszyklus der Immobilie und ggf. auch an der darin verbauten Technik ab.

LEBENSZYKLUS VON IMMOBILIEN

Dieses Kapitel veranschaulicht Ihnen, was ein Lebenszyklus ist und wie er entsteht. Darüber hinaus wird der Lebenszyklus an Immobilien dargestellt sowie erläutert. Da Immobilien nicht nur aus Wänden und Böden bestehen, wird ebenfalls noch darauf eingegangen, ob der Lebenszyklus von Immobilien durch technische Ausrüstung positiv oder negativ beeinflusst wird.

Was ist ein Lebenszyklus?

Jedes Produkt unterliegt einem Lebenszyklus. Dabei stellt der Lebenszyklus den Verlauf vom ersten Gedankengang, also der ersten Idee bis zur Verschrottung bzw. Entsorgung des letzten Produktes dar. Ein Lebenszyklus kann in einige Phasen, je nach Unternehmen, untergliedert werden. Hierbei kann z. B. in Entwicklung, Konstruktion, Produktion, Bau, Inbetriebsetzung, Wartung, Instandhaltung, Reparatur und Verschrottung unterschieden werden. Jede dieser Phasen durchwandert einen bestimmten Zeithorizont. Dieser Zeithorizont kann entweder auf Erfahrungen aus bisherigen Produkten abgeleitet werden oder vom Unternehmen selbst festgelegt werden. Dabei legen Unternehmen verschiedene Kriterien zugrunde. Ein typischer Zeithorizont beträgt dabei ca. 30 Jahre. Hier können z. B. die Hersteller eine sog. Verfügbarkeitsgarantie für Ersatzteile anbieten. Einige Hersteller bieten 30 Jahre lang Support, Reparatur und Instandsetzung an.

Der Lebenszyklus eines Produktes wird häufig in Form eines Liniendiagramms dargestellt. Dieses beginnt mit der Projekteröffnung, also mit der Entwicklung eines neuen Produktes. Wenn die Entwicklung beendet ist, werden je nach Produkt Prototypen erstellt und an eine bestimmte kleine Gruppe zum Test ausgegeben. Nach dieser Phase erfolgt die Marketingphase. Hier wird das Produkt auf dem Markt veröffentlicht und der Menschheit präsentiert. Durch die Aktualität wird das Produkt bezogen, die Bergfahrt beginnt, die Linie vom Diagramm steigt. Wenn der Markt gesättigt ist, flacht die Kurve ab, ehe der Hersteller den Stopp des Verkaufs ankündigt. Wenn es sich hierbei um Ersatzteile handelt, geht die Kurve leicht wieder nach oben, dies ist damit begründet, dass andere Unternehmen, die auf die Ersatzteile angewiesen sind, noch die letzte Möglichkeit nutzen, um sich damit einzudecken. Nach dem Verkauf geht es in die Reparatur- bzw. Instandhaltungsphase.

In dieser Phase werden durch den Hersteller keine Produkte dieser Serie hergestellt, jedoch instand gesetzt. Durch Beendigung dieser Phase wird das Produkt nicht mehr durch den Hersteller betreut. Das bedeutet, dass diejenigen, die das Produkt einsetzen, es selbst instand setzen oder durch andere Produkte zu ersetzen haben. Somit tritt die Verschrottung ein. Der Kreislauf beginnt von vorne. Dabei muss es sich nicht um ein komplett neues Produkt handeln, es kann sich um einen Nachfolger handeln, der neuer und überarbeitet ist und somit den Kunden im neuen Design präsentiert wird. Wenn z. B. Smartphones neu auf den Markt kommen, ist die Technik, also das Telefonieren und dergleichen, identisch, was neu hinzukommt, sind Neuerungen z. B. in der Schnelligkeit oder in der Speicherkapazität, aber auch in der Kameratechnik.

Wie ist der Lebenszyklus bei Immobilien?

Was ein Lebenszyklus darstellt, wurde zuvor beschrieben. Grundsätzlich handelt es sich bei einer Immobilie ebenso um ein Produkt. Denn ein Bauunternehmen hat gewisse Häuserformen, die sie ihren Kunden anbieten. Es werden häufig noch Anpassungen auf Kundenwunsch vorgenommen, allerdings bleibt das Grundgerüst des Hauses immer eine bestimmte Linie. Diese Linie trägt häufig einen Namen, damit sie dem Kunden z. B. Ausstattung, Preis und Größe aufzeigt.

Wenn der Lebenszyklus aus Sicht der Immobilie selbst betrachtet wird, gibt es vier verschiedene Phasen des Lebenszyklus: die Projekt-,

Realisierungs-, Nutzungs- und die Verwertungsphase [14, S. 30 f]. Diese vier Phasen beschreiben die Planung, den Bau sowie die darauffolgende Nutzung durch den Eigentümer. Wobei die Phase der Nutzung am längsten dauert. Ein solide errichtetes und instand gehaltenes Haus kann mehrere Jahrzehnte oder sogar Jahrhunderte überdauern.

Wichtig ist hierbei die Instandhaltung und die stetige Renovierung, sodass die Wände und die Grundstruktur erhalten bleiben. Nur so ist eine hohe Nutzungsdauer zu realisieren. In der Nutzungszeit können auch verschiedene Bewohner und Eigentümer das Haus bewirtschaften, das ist durchaus üblich und auch gebräuchlich. Der Verkauf von Immobilien ist im Kapitel „Bauen, kaufen, renovieren, Investieren" ab Seite 9 beschrieben.

Doch eine Immobilie beinhaltet nicht nur Wände, Böden und ein Dach. Um eine Immobilie nutzen zu können, ist eine gewisse technische Ausrüstung erforderlich.

Beeinflusst technische Ausrüstung den Lebenszyklus einer Immobilie?

Zu einer Immobilie gehört ein gewisser technischer Standard. Je nach Preisklasse kann dieser sehr stark variieren. In jedes Haus gehört als absolute Grundausstattung, dabei ist es völlig irrelevant, in welcher Preisklasse sich das Haus befindet, die Versorgung mit Strom, Telefon, Fernseher sowie Wasser und Abwasser.

Je nach Kundenwunsch, Komfort und Ausstattung sind von einfacher Technik bis hin zu komplexen Smart Home Anwendungen, die jegliche Ausstattung automatisiert und z. B. über das Smartphone bedienbar machen. Je höher die Ausstattung einer Immobilie, desto höher auch deren Wert. Aber die Komplexität in der Bedienung und Wartung bzw. Instandhaltung steigt dementsprechend auch an. Vor allem wenn es um die Instandhaltung geht und der Bewohner bzw. der Eigentümer jedes

Mal einen Fachmann zu rufen hat, um das Problem zu beheben, sind die Kosten entsprechend hoch. Hier spielen jedoch auch Neuerungen auf dem Markt eine große Rolle. Wenn neue Geräte und neue Möglichkeiten herauskommen, so möchte der Smart Home Besitzer bzw. Bewohner die aktuellste Technik haben. Die neueste Technik kann nicht nur aufgrund der Funktionalität sein, sondern auch aufgrund von der Sicherheit. Da Smart Home Anlagen am Internet angeschlossen sind, ist stets auf aktuellste Software sowie auf aktuelle Geräte zu achten.

Dementsprechend lässt sich festhalten, dass eine hohe technische Ausrüstung einer Immobilie deren Lebenszyklus, auch wenn es nur indirekt ist, beeinflusst. Denn der Nutzwert einer Immobilie bestimmt sich auch nach der Aktualität der technischen Ausrüstung und nicht nur an schön renovierten Zimmern. Wenn z. B. die Heizung in einem Haus zu erneuern ist und das Haus verkauft werden soll, unterliegt das Haus einem geringeren Wert, da der neue Eigentümer zuerst in die Heizung zu investieren hat, bevor er sich wirklich in seinem neuen Zuhause wohlfühlen kann. So ist es bei jeglichen anderen Gegenständen, die fest an einer Immobilie gebunden sind. Das gilt für Fenster und Türen, Bodenbeläge, Smart Home Anlage, elektrische Installation sowie Anschlüsse zur Telekommunikation im kompletten Haus, also Internet und Fernseher in Wohn-, Kinder- und Schlafzimmern.

Dadurch lässt sich nicht nur die Immobilie aufwerten, sondern auch höhere Einnahmen zur Miete realisieren, da aufgrund der Ausstattung die Preisklasse, an die Sie vermieten können, als Eigentümer eine andere darstellt. Hierbei spielt jedoch auch die Verwaltung von Immobilien eine größere Rolle. Denn je mehr Ausstattung Sie in Ihrer Immobilie haben, desto höher ist auch der Aufwand bei einer möglichen Vermietung.

Verwaltung von Immobilien

Dieses Kapitel befasst sich mit der Verwaltung von Immobilien und veranschaulicht Ihnen als Erstes den Begriff der Verwaltung, was es bedeutet, eine Immobilie zu verwalten, welche Aufgaben, Pflichten und Rechte der Verwalter hat. Des Weiteren wird die Notwendigkeit der Verwaltung aufgezeigt, weshalb eine Verwaltung von Immobilien benötigt wird. Außerdem werden Projekte zur Verwaltung sowie ein Wissensmanagementsystem, wie Anfragen der Eigentümer und Mieter effizient gehandhabt werden können, veranschaulicht. Im kommenden Kapitel finden Sie Antworten zu folgenden Themen und Fragestellungen:

DER BEGRIFF DER VERWALTUNG

Der Begriff der Verwaltung ist im Allgemeinen die Erledigung der Grundaufgaben innerhalb eines Unternehmens, sie steht nicht mittelbar im Fokus der Unternehmung, sondern ist notwendig zur Führung des Betriebes [2, S. 3709 f]. Das soll bedeuten, dass die Verwaltung in erster Linie eine Nebentätigkeit innerhalb eines Unternehmens darstellt, die zur Erhaltung der normalen bzw. professionellen Tätigkeit dient. Die professionelle Tätigkeit kann z. B. die Betreibung einer Werkstatt sein. Die Verwaltung beschäftigt sich hierbei mit der Erstellung der Rechnung, Führung und Abrechnung der MA, Eintreibung von Geldern und dergleichen.

Was bedeutet es, Immobilien zu verwalten?

Bei der Verwaltung von Immobilien steht die Immobilie im Vordergrund. Das bedeutet, dass entgegengesetzt zu einer Werkstatt deren Verwaltung eine Nebensache darstellt, die Verwaltung einer Immobilie als Haupttätigkeit anzusehen ist.

Hierbei werden sämtliche Tätigkeiten, die im Betrieb einer Immobilie anfallen, wie z. B. Reparaturen, Modernisierungen, Notdienste, Hausmeister, die Reinigung des Treppenhauses usw., von der Verwaltung verwaltet und am Ende des Jahres mit den Eigentümern oder Mietern abgerechnet. Die Verwaltung von Immobilien basiert demnach auf der Führung von Arbeits- und Rücklagenkonten sowie der Beauftragung und Überwachung von Tätigkeiten rund um die Immobilie. Allerdings ist es so, dass die Eigentümer der Immobilie (bei einer WEG) das letzte Wort haben. Denn die Verwaltung agiert im Auftrag der WEG und trägt dafür Sorge, dass der Wille und die Interessen der Eigentümer durchgesetzt werden.

Bei der Mieterverwaltung erhält die Verwaltung einen Auftrag vom

Eigentümer. Die Verwaltung hat somit die Mieter, die Ausschreibungen bei leerstehenden Wohnungen sowie die Abrechnung der Nebenkosten, aber auch die Sauberkeit und Ordnung der Immobilie zu verwalten.

Was gilt es zu verwalten?

Der Begriff der Verwaltung ist im Bereich der Immobilien bereits erläutert worden. Die Verwaltung richtet sich auf die Buchhaltung sämtlicher Anfragen und Tätigkeiten rund um die Immobilie. Bei außerordentlichen Reparaturen ist stets darauf zu achten, dass die Eigentümer befragt werden, ob diese Reparatur durchgeführt werden darf. Es ist denkbar, dass einer Verwaltung eine pauschale Freiheit zur Entscheidung im Rahmen einer festgelegten Summe gewährt wird. Andernfalls müsste zu jeder Kleinigkeit eine Eigentümerversammlung einberufen werden.

Durch die Einberufung von Versammlungen bleiben die Kosten im Blick, jedoch entstehen neue Kosten durch die Versammlung, indem der Verwalter jede außerordentliche Versammlung sowie die Kosten für den Versammlungsort abrechnet. Das nächste große Problem besteht in der Schnelligkeit von Reaktionen. Wenn etwas defekt ist, kann der Verwalter die Reparatur beauftragen, ohne große Nachfrage bei den Eigentümern. Dadurch bleibt der Verwalter und die WEG reaktionsfähig und gewährte Skonti können einfach abgezogen werden, da die Entscheidungswege kurz sind. Die Praxis zeigt, dass häufig Unternehmen zur Erstellung und Abrechnung der Heizungs- und Wasserkosten beauftragt werden und dass die Verwaltungen diese Arbeiten nicht selbst durchführen.

Diese Unternehmen stellen die Messgeräte wie Heizwerterfassung und Wasserzähler zur Verfügung, z. B. als Leihgeräte. Seit Neuestem werden auch Rauchmelder häufig durch diese Unternehmen verbaut und im Rahmen der Jahresablesung gewartet. Jede Verwaltung hat am Ende des Jahres Rechnung abzulegen, warum welche Kosten angefallen sind. Jeder Eigentümer hat das Recht, die Rechnungen bei der

Verwaltung einzusehen und somit eine Kontrolle zu unterziehen. Hierbei hat die Verwaltung sicherzustellen, dass die Rechnungen eindeutig den Buchungen in der Zahlungsübersicht zuzuordnen sind. Hier kommt das Stichwort der ordnungsgemäßen Verwaltung zum Tragen.

Was bedeutet ordnungsgemäße Verwaltung?

Ordnungsgemäße Verwaltung von Immobilien beginnt mit der Buchhaltung. Jede eintreffende Rechnung und jede eintreffende Anfrage wird sortiert und im Verwaltungssystem abgelegt. Dadurch bleibt die Nachvollziehbarkeit der laufenden Anfragen sowie Rechnungen und Arbeiten stets erhalten. Im Buchungssystem werden sämtliche Beträge erfasst. Dabei gilt wie immer in der Buchhaltung die Grundregel: „Keine Buchung ohne Beleg". Bei den Buchungen ist stets darauf zu achten, dass korrekt gebucht wird.

Das bedeutet, es ist immer genau darauf zu achten, auf welchem Konto welche Beträge abgebucht werden. Damit die Verwaltung so einfach wie möglich gestaltet werden kann, ist es notwendig, mindestens zwei Konten zu führen. Eines für die Rücklagen und eines als Arbeitskonto. Vom Arbeitskonto gehen laufende Zahlungen ein und aus. Hierauf zahlen die Eigentümer die Vorauszahlungen zu Hausgeld und Rücklagen ein. Der Betrag wird dann entsprechend dem Beschluss aufgeteilt und auf das Konto der Rücklagen umgebucht.

Von dem Rücklagenkonto gehen entsprechend Zahlungen für Modernisierungen und Reparaturen ab. Diese Zahlungen sind jedoch immer mit der Eigentümergemeinschaft im Rahmen einer Versammlung zu besprechen. Außerdem ist darauf zu achten, dass die Rücklagenkasse stets gefüllt ist und sich nicht entleert. Dies gewährleistet auch bei größeren Reparaturen, dass die finanzielle Belastung der Eigentümer nicht steigt. Wenn die notwendige Reparatur oder Modernisierung dennoch höher ist als die Rücklage, ist gemeinschaftlich zu überlegen, ob es nicht besser ist, eine Finanzierung für die bevorstehende Maßnahme zu beantragen oder die Rücklagen für einen bestimmten Zeitraum zu erhöhen. Daher bleibt die WEG zahlungsfähig, wenn unvorhergesehene Zahlungen auftreten sollten. Bei einer vermieteten Immobilie äußert sich die ordnungsgemäße Verwaltung ebenso durch gute Buchführung sowie das Management der Immobilie und deren Mieter.

Hierbei kommt es auf den Vertrag mit dem Eigentümer an, ob der Verwalter die kompletten Mieten kassiert und somit alle Zahlungen und Rücklagen verwaltet. Es ist häufig üblich, dass der Verwalter die Aufgabe zur Betreuung der Immobilie erhält und mit den Rücklagen und Mietern nichts zu tun hat. Das ist die Entscheidung des Eigentümers, allerdings ist es nicht erlaubt, die Verwaltungskosten den Mietern in Rechnung zu stellen. Diese Kosten sind in den monatlichen Mietzahlungen einzukalkulieren.

NOTWENDIGKEIT ZUR VERWALTUNG

Wie Sie sehen, hat die Verwaltung einer Immobilie viele Tätigkeiten auszuführen sowie die Immobilie und ihre Bewohner stets im Blick zu behalten. Dies erfolgt dadurch, weil das Gesetz die Zustimmung der Verwaltung bei einem Eigentümerwechsel vorsieht. Hierbei ist der Notar verpflichtet, den Verwalter um die Zustimmung zum Verkauf der Immobilie anzufragen. Der Verwalter kann dem nur zustimmen, allerdings hat der Verwalter somit im Blick, was in seiner verwalteten Immobilie vor sich geht und kann somit eine korrekte Nebenkostenabrechnung erstellen.

Welche Hilfsmittel bestehen zur Verwaltung?

Ein Hilfsmittel wurde bereits erläutert: Die gesetzliche Pflicht zur Einholung der Zustimmung des Verwalters beim Verkauf der Immobilie.

Außerdem besteht die Möglichkeit der Bildung eines Beirats, der die Verwaltung bei verwaltenden Tätigkeiten unterstützt und so als verlängerter Arm des Verwalters fungiert und die Verwaltung somit von allgemeinen Fragen der WEG abhält. Der Beirat wird als Berater und Vertrauensperson vom Verwalter einerseits genutzt und andererseits als Mittelmann zwischen Eigentümer und Verwaltung sowie als Kontrollorgan, damit die Rechnungen und Anfragen stets Richtigkeit haben. Ein Verwaltungsbeirat ist grundsätzlich ehrenamtlich tätig.

Allerdings kann mit aktueller Rechtslage eine Pauschale z. B. für Druckerpapier oder besondere Aufwendungen innerhalb der WEG beschlossen werden. Der Verwaltungsbeirat stellt somit Vertrauenspersonen als direkte Ansprechpartner seitens der Verwaltung, aber auch seitens der WEG dar. Der Verwaltungsbeirat wird häufig aus drei freiwilligen Personen gebildet und mit einfachem Mehrheitsbeschluss in der Jahressitzung ernannt. Diese Personen sind zwingend in der betreffenden WEG heimisch und können gemäß Beschluss der Gemeinschaft diese vertreten und deren Interessen bei größeren Arbeiten, natürlich im zugelassenen Rahmen, durchsetzen. Außerdem fungieren Beiräte als erste Kontaktstellen im Haus, wenn es Probleme gibt. Dadurch wird die Verwaltung entlastet und nur bei konkreten Anfragen kontaktiert.

Weitere Hilfsmittel zur Verwaltung bietet die Möglichkeit, gewisse Arbeiten von anderen Unternehmen durchführen zu lassen. Dies kann z. B. im Rahmen der Verwaltungstätigkeit sein. Hierbei ist das Beispiel einer Treppenhausreinigung zu nennen. Diese Person ist, soweit sie im 450 € Job Verhältnis angestellt ist, bei der WEG angestellt. Dabei ist in erster Linie die Verwaltung der zuständige Ansprechpartner. Die Verwaltung fungiert hierbei als Vertretung der WEG. Daher gilt bei Anstellung einer 450 € Treppenhausreinigung jeder Bewohner der WEG, im entferntesten Sinn, als Arbeitgeber. Um die Lohnabrechnung und das Personalgeschäft zu erledigen, kann die Verwaltung einen externen

Dienstleister z. B. ein Lohnunternehmen oder einen Steuerberater damit beauftragen. Allerdings darf auch hier nicht separat abgerechnet werden. Diese Kosten sind bereits in den Verwaltungskosten enthalten. Gleiches gilt bei der Erstellung der Heizungs- und Wasserkosten. Hier kann die Verwaltung ein darauf spezialisiertes Unternehmen mit den Arbeiten beauftragen. Dieses wickelt die komplette Abrechnung mit samt Messgeräten und Protokollen ab. Die Verwaltung hat anschließend die Daten in ihr System zu erfassen und mit der Nebenkostenabrechnung und der Einladung an die Eigentümer zu versenden.

Außerdem bieten sich elektronische Hilfsmittel zur Verwaltung von Immobilien an. Diese können in Form von einfachen Ablagen auf einem Datenserver sein bis hin zu komplexen Systemen für das Management von Dokumenten. Ein mögliches Tool zur Vereinfachung der Verwaltung bietet Casavi [15]. Casavi ist ein cloudbasiertes System, in dem der Verwalter von seinen Mietern oder Eigentümern Dokumente wie z. B. Abrechnungen, Einladungen, die Grundrisszeichnungen, Teilungserklärungen usw. ablegen kann. Auch weitere Informationen können hier abgearbeitet werden, beispielhaft kann hier die Abwicklung von Wasserschäden genannt werden. Auch ist es möglich, andere Arbeiten und Störungen über diese Plattform an den Verwalter mitzuteilen. Dieser kann sofort den entsprechenden Handwerkern die Anfrage weiterleiten.

Hierzu ist jedoch die Mitarbeit jedes einzelnen Mieters bzw. Eigentümers erforderlich. Denn jeder Einzelne benötigt einen Zugang zu diesem System. Allerdings besteht die Schwierigkeit, dass z. B. bei älteren oder technisch nicht affinen Personen diese Art der Kommunikation nicht ankommt und dadurch wieder postalisch Unterlagen zuzustellen sind. Dabei ist wiederum wichtig, dass nicht versehentlich einige Personen ausgelassen werden.

Casavi kann somit bei der Verwaltung von Mietern und Eigentümern eingesetzt werden. Es stellt eine Art System für die Ablage und den

Versand von Dokumenten sowie eine Art von Ticketsystem dar, um effizient Arbeiten zu erfassen, nachzuverfolgen und abzurechnen. Durch die vielen Schnittstellen kann sich das Programm auch mit verschiedenen Buchhaltungsprogrammen verbinden und so die Verwaltungstätigkeit weiter vereinfachen.

Kann ein externes Unternehmen beauftragt werden?

Grundsätzlich besteht kein Zwang, ein Unternehmen mit der Verwaltung von Immobilien zu beauftragen. Dabei spielt es keine Rolle, ob es sich um eine Verwaltung von Mietern oder Eigentümern handelt. Es ist sogar denkbar, dass sich eine WEG selbst verwaltet. Das geschieht in dem Fall, dass sich ein oder mehr Eigentümer um die Belange der Immobilie kümmern, alle Abrechnungen, Rechnungen und Reparaturen führen. Darunter fällt auch die Führung der Konten für die Gelder im Arbeits- und Rücklagenkonto sowie die Abrechnung der Heizungs- und Wasserkosten. Es ist ebenfalls denkbar, dass sich die WEG dazu entschließt, die Verwaltung selbst durchzuführen, jedoch die Abrechnung der Heizkosten an ein Unternehmen abzugeben und nicht selbst durchzuführen.

Im Bereich der Verwaltung von Mietern gilt Identisches. Wenn Eigentümer sich dazu imstande fühlen, die Verwaltung selbst durchzuführen, steht dem gesetzlich nichts im Wege.

Allerdings ist in beiden Fällen immer darauf zu achten, dass bei eigenständiger Abrechnung diese korrekt und einwandfrei zu erstellen ist. Es können sich immer Fehler einschleichen, die später bis zu Gerichtsverhandlungen führen können. Gerade in der Verwaltung von Mietern ist eine korrekte Abrechnung zwingend notwendig, andernfalls können hohe Kosten bei dem Vermieter aufkommen. Diese Kosten sind in der eigenständigen Verwaltung von Eigentümern häufig kein Thema, da bei kleinen WEGs, z. B. einer Zweier-WEG, die Abrechnung gemeinschaftlich erstellt wird und es so zu keinen Problemen kommt.

Hierbei ist auch noch die Buchführung ein wichtiges Element, auf das kurz eingegangen wird. Die Buchführung ist bei der eigenständigen Verwaltung von Immobilien häufig ein großes Problem. Besonders dann, wenn die Abrechnung gemeinschaftlich erstellt wird und nicht eine verantwortliche Person benannt wird. Denn die Abrechnung von Nebenkosten und haushaltsnahen Dienstleistungen erfordert die lückenlose Dokumentation zum einen für alle Parteien innerhalb der WEG und zum anderen als Nachweis für Behörden wie z. B. Finanzamt und ggf. Darlehnsgebern.

Hierzu bietet sich z. B. ein gemeinschaftlicher Raum an, in dem die komplette Buchführung stattfindet und auch gesammelt wird. Wichtige Dokumente und Dateien können eingescannt, z. B. in einem Onlinespeicher, auf den jede Partei der WEG Zugriff hat, abgelegt werden. Außerdem bietet es sich an, einen allgemeinen Briefkasten z. B. „WEG Straße Hausnummer" anzulegen und dadurch alle ankommenden Rechnungen der WEG betreffend in diesen allgemeinen Briefkasten ankommen zu lassen. Dadurch sind von Beginn an alle Dokumente der Gemeinschaft zugeordnet und kommen in den definierten Raum, in dem die Buchhaltung für die gesamte WEG erstellt wird. So wird verhindert, dass einzelne Parteien gemeinschaftliche Post empfangen und ggf. in Vergessenheit gerät oder verschwindet.

Die verantwortliche Person kann somit jede Post öffnen, ggf. buchen und im entsprechenden Jahresordner ablegen. Am Jahresende wird gemeinschaftlich die komplette Post durchgegangen und die Abrechnung erstellt. Diese Abrechnung kann einfach mit einem Tabellenkalkulationsprogramm erstellt werden. Dabei wird geschaut, wie viel einbezahlt wurde und welche Kosten angefallen sind. Dadurch entsteht entweder ein Guthaben oder eine Nachzahlung der einzelnen Parteien.

PROJEKTE UND WISSENSMANAGEMENT

Im Bereich von Immobilien bestehen einige Möglichkeiten, Projekte und Wissensmanagement einzuführen und umzusetzen. Zuvor wurden einige Möglichkeiten zum Wissensmanagement dargelegt und die Bedeutung von Wissensmanagement veranschaulicht. In diesem Kapitel erfahren Sie, wie Wissensmanagement als Unternehmensaufgabe gehandhabt wird und im kompletten Unternehmen umgesetzt wird. Außerdem werden einige Möglichkeiten zur Durchführung von Projekten im Bereich von Immobilien veranschaulicht. Dabei geht es nicht nur um den Bau neuer Immobilien, sondern auch um Modernisierungen und Renovierungen, aber auch die Verwaltung kann bereits ein Projekt darstellen.

Wie wird Wissensmanagement gewährleistet?
Das Wissen eines jeglichen Unternehmens ist das wichtigste Gut, denn ohne unternehmensspezifisches Wissen nützen die besten Produkte nichts, wenn deren Entwicklung bzw. deren Bau und Inbetriebnahme nicht korrekt, effizient und dadurch kostengünstig abgewickelt wird. Das Wissensmanagement ist somit nicht alleinige Aufgabe von Spitzen- oder Mittelmanagement, sondern betrifft jeden einzelnen MA im Unternehmen. Beginnend mit dem Spitzenmanagement und der Definition, wie das Wissen im Unternehmen gehandhabt wird sowie dessen Streuung. Hierbei ist eine zentrale Applikation wichtig, auf die jegliche MA Zugriff haben.

Dabei ist es wichtig, dass nur das Wissen für alle zugänglich ist, das auch geprüft und freigegeben wurde. Denn es nützt keinem ein Nachschlagewerk, wenn dessen Inhalt falsch ist. Daher ist es notwendig, dass gewisse Personen als Schreiber und Prüfer fungieren. Schreiber können spezielles Wissen erfassen und Fachleute prüfen und ergänzen dieses, damit nach der Freigabe das Wissen für alle zur Verfügung gestellt werden kann. Gerade im Bereich der Verwaltung von vielen verschiedenen

Immobilien ist spezifisches Wissen zu den einzelnen Immobilien besonders wichtig. Mit spezifischem Wissen ist einzelnes Wissen rund um eine bestimmte Immobilie gemeint. Wissen, das nur auf eine Immobilie oder auf eine bestimmte Immobiliengruppe zutrifft. Es ist denkbar, dass Immobilien nach ihrer Ausrüstungsklasse z. B. Top, Mittel, Normal oder deren Aufstellungsort gruppiert werden. Somit kann auch das spezifische Wissen eingegrenzt werden. Einzelnes Wissen kann in die folgenden Bereiche gehören:

92. Grundstück
93. Mieter/Eigentümer
94. Gebäudebeschaffenheit bzw. Aufbau der einzelnen Einheiten
95. Technische Ausrüstung und deren Unterbringungsort im Gebäude
96. Besonderheiten zu Abrechnungen, Bewohnern und Technik

Dieses ganze Wissen kann übersichtlich dargestellt werden und bei Bedarf durch jede Person im Unternehmen aufgerufen werden. Gerade bei einer rollierenden Verwaltungsleitung, also mehreren Personen, die eine Immobilie verwalten und nicht eine Person als Verwaltungsleitung einer Immobilie zugewiesen sind. Das gilt ebenso bei der Verwaltung als privater Vermieter. Durch Wissenssicherung lassen sich getroffene Absprachen besser und einfacher nachvollziehen sowie zu erledigende Arbeiten nachverfolgen. Einzelne Tätigkeiten, die innerhalb eines Jahres durchgeführt wurden, können durch die Wissenssicherung nicht in Vergessenheit geraten. Außerdem können bestimmte Inhalte, die nicht dauernd benötigt werden, als Gedächtnisstütze fungieren.

Wie wird Wissensmanagement oder Wissenssicherung umgesetzt?
Es ist häufig in Unternehmen zu sehen, dass sie ihr Wissen in Anleitungen, Leitfäden und Arbeitsanweisungen versuchen zu sortieren. Dabei

besteht jedoch die Gefahr, dass die Wissenssicherung sehr unübersichtlich wird. Je nach angewendeten Systemen und Anlagen können auch sehr viele Dokumente erstellt werden.

Dazu wird ein Dokument in jedem Bereich des Unternehmens erstellt:

97. Entwicklung
98. Produktions- und Inbetriebsetzungsunterlagen
99. Produktion
100. Inbetriebnahme
101. Kundendokumentation

Dadurch entstehen viele Dokumente an vielen Speicherorten. Das sind nicht die Grundsätze erfolgreichen Wissensmanagements. Erfolgreiches Wissensmanagement gewährleistet schnelles und einfaches Auffinden korrekten und vollständigen Wissens. Wenn jedoch einzelne Dokumente angelegt werden, ist als Erstes das entsprechende Dokument zu finden und dann das Wissen innerhalb des Dokuments. Das ist viel zu komplex.

Durch eine unternehmensweite Plattform kann das Wissen allen MA einfach, schnell und übersichtlich präsentiert werden. Dies lässt sich z. B. in Form eines WikiWiki realisieren. Ein WikiWiki ist eine Serverplattform, die über einen Internetexplorer bearbeitet und betrachtet werden kann. Dieses Wiki kann in verschiedene Bereiche untergliedert werden. Denkbar ist z. B., dass Immobilien gruppiert nach deren Ausstattung oder nach deren Ort aufgeführt sind. Ebenfalls kann das Wissen zu einzelnen Projekten, z. B. zu Dachsanierung, Aufzugsanierung oder Wasserschäden, in allgemeiner Form gesichert werden.

Was beinhaltet ein Projektmanagement?

Als Erstes steht die Definition eines Projektes an, diese Phase stellt die wichtigste Phase eines jeden Projektes dar [16, S. 35 ff]. Hierbei werden sämtliche Definitionen, Ausgangssituationen und die Wirtschaftlichkeitsbetrachtung sowie die Ressourcen festgelegt. Dabei wird das Projektmanagement häufig als Dreieck dargestellt, das sich innerhalb eines Kreises befindet. An jedem äußeren Punkt des Dreiecks befinden sich die drei grundlegendsten Parameter eines jeden Projektes [16, S. 45]. Diese Parameter sind: Zeit, Leistung und Ressourcen.

Wenn ein Parameter sich verzieht, verzieht sich somit das komplette Dreieck und gerät damit außer Gleichgewicht. Für Manager von Projekten ist es daher besonders wichtig, immer an der korrekten Stelle gewisse Korrekturen des „Fahrplans" vorzunehmen, damit das Dreieck stets im Gleichgewicht bleibt. Bei der Durchführung von Projekten kommt es daher sehr stark auf eine gute Planung der Projekte an. Diese Planungen, oder auch Schätzungen von Aufwänden genannt, können auf viele unterschiedliche Arten erfolgen, die folgenden Methoden werden unterschieden und zu bestimmten Zeiten angewendet, in der Tabelle 10: Methoden und deren Einsatzzeitpunkte [9, Teil auf Basis von], [16, S. 216 f] sind diese zusammengefasst dargestellt.

Tabelle 10: Methoden und deren Einsatzzeitpunkte [9, Teil auf Basis von], [16, S. 216 f]

Methodik	Möglicher Zeitpunkt des Einsatzes der Methodik
Algorithmische Methoden 102. Parametrische Methoden 103. Faktorische Methoden	Diese Methoden lassen sich je nach ausgewählter Methode, teilweise bereits ab Beginn der Studie bzw. ab dem Systementwurf bis hin zum Systemtest einsetzen.

Vergleichsmethoden 104. Analogie-Methoden 105. Relations-Methoden	Vergleichsmethoden lassen sich besonders gut zu Projektbeginn bis hin zum Modulentwurf einsetzen. Je nach Anpassung der gewählten Methode ist die Anwendung bis zur Integration denkbar.
Kennzahlenmethoden 106. Multiplikator-Methoden 107. Produktivitäts-Methoden 108. Prozentsatz-Methoden	Kennzahlen spielen häufig in der Produktion eine sehr große Rolle. Daher sind diese Methoden häufig ab dem Entwurf bis zur Integration zu sehen und werden auch zur Qualitätsbeurteilung herangezogen.
Methoden zur Expertenbefragung	Experten können zeitlich unabhängig „immer“ stattfinden.

Die besten Planungen und Methoden nützen nichts, wenn sie nicht kontrolliert werden. Im Projektcontrolling werden die Projektziele, der Zeitplan, die Aufwände und Kosten sowie die Qualität des Produktes sowie der erstellten Dokumente und Berichte stets kontrolliert und in einem Projektorganigramm festgehalten. Dadurch erhalten sämtliche MA eines Projektes stets einen Überblick, wie weit sich das Projekt befindet, welche Abhängigkeiten bestehen und welche zukünftigen Aufgaben sich noch vor den MA befinden [16, S. 399 ff].

Mit dem stetigen Fortschritt des Projektes können sich Änderungen seitens des Unternehmens, aber auch seitens des Kunden ergeben. Hierbei ist es wichtig, die Änderungen so klein und strukturiert wie möglich zu halten. Durch Agilität werden zu festen Zeitpunkten kleinere Pakete an den Kunden abgegeben. Dadurch behält jede Partei Reaktionsspielraum und ist nicht gezwungen, am Ende des Projektes das Produkt als „großen Brocken" abzunehmen. Ein weiterer Vorteil eines agilen Projektmanagements besteht darin, dass Änderungen durch die kleinen Abgabepakete relativ kostengünstig zu absolvieren sind. Denn wenn der Kunde zu einem bestimmten Zeitpunkt einen Teil geliefert bekommt und seinen Fehler bemerkt, dass er ein Detail so nicht haben möchte, kann eine Änderung noch einfach umgesetzt werden. Denn je weiter das Projekt voranschreitet, desto höher sind die Kosten für die Umsetzung von Änderungen [16, S. 177 ff].

Wie werden Bauprojekte im Bereich von Immobilien durchgeführt?

Projekte im Bereich von Immobilien sind ebenfalls als Projekte z. B der Projekte in der Industrie gleichzusetzen. Allerdings sind die Inhalte von Projekten zwischen diesen beiden Branchen unterschiedlich, zum einen in deren Inhalten und zum anderen in deren Abwicklungen. Grundlegende Werkzeuge für das Projektmanagement sind jedoch auch im Bereich der Immobilien nutzbar.

Zunächst sind inhaltliche Vorgaben zu einem Projekt festzulegen, z. B. was soll realisiert werden, wie ist der zeitliche Ablauf, welche Risiken können hierbei entstehen? In der Phase zur Investitionsentscheidung geht es um zwei Themenbereiche; zum einen um die Standort- und Marktanalyse [8, S. 635 ff]. Hierbei sollen Planungen und Strategien zur Nutzung der Immobilie festgelegt werden. Dabei sind der Standort und das Umfeld von großer Bedeutung. Es könnte z. B. eine Immobilie in der Nähe eines Flughafens gebaut werden, die das Parken von Autos ermöglicht. Als zweiter großer Punkt zur Investitionsentscheidung trägt die Prüfung der Grundstücksdaten bei. Hierbei spielen folgende Faktoren eine Rolle:

109. Bereits bauliche Nutzung des Grundstücks, z. B. ist es schon bebaut und kann das Projekt realisiert werden oder ist das Grundstück erst zu räumen?

110. Wenn das Grundstück noch nicht bebaut ist, wie hoch dessen Erschließungsgrad ist und ob eine Erschließung möglich ist. Mit Erschließung ist das Einleiten von Wasser, Strom und Telefon gemeint.

111. Wie sieht die grundbuchrechtliche Situation aus? Ist das Grundstück lastenfrei und bestehen evtl. Beschränkungen zum Bau neuer Immobilien?

In der nächsten Phase geht es in die Konzeptions- und Planungsphase [8, S. 652 ff]. Hierzu ist als Erstes das Grundstück zu erwerben bzw. grundbuchrechtlich vorzumerken. Dieser Schritt ist sehr wichtig, da auf Basis des Grundstücks und dessen Begebenheiten z. B. Nachbarn, Straßen, Einleitung von Strom, Wasser und Abwasser usw. zu beachten sind. Falls das Grundstück nicht gekauft bzw. vorgemerkt wird, besteht die Gefahr, dass das Projekt scheitert und die Konzeptions- und Planungskosten zum Verlust führen. Außerdem besteht noch die Möglichkeit, das Grundstück zu teilen, falls es zu groß ist.

Damit mit dem Bau der Immobilie begonnen werden kann, ist es notwendig, dass baurechtliche Voraussetzungen gegeben sind. Das bedeutet, dass die Entwürfe zur Genehmigung der örtlichen Behörde vorzulegen sind. Diese überprüfen die eingereichten Unterlagen und geben ggf. Auflagen zur Umsetzung des Bauvorhabens. Bevor die Genehmigungen vorliegen, kann bereits die Finanzierung der Immobilie geklärt werden. Dies kann entweder mit internen Geldern des Unternehmens oder mit Darlehn geschehen. Je nach Kosten und Verwendung, z. B. eigenständige Vermietung nach dem Bau oder Verkauf an neuen Eigentümer, lassen sich verschiedene Finanzierungen realisieren.

In der Bau- und Vermarktungsphase wird die Planung in die Tat umgesetzt und je nach Konzept ein neuer Eigentümer oder neue Mieter gesucht [8, S. 666 ff] Die bauliche Realisierung einer Immobilie ist eines der größten Hürden. Dies ist damit begründet, weil beim Bau von Immobilien viel „Pfusch" betrieben wird. Daher ist es besonders wichtig, die Arbeiten stets sorgfältig zu kontrollieren und zu koordinieren. Dies gilt vor allem bei wichtigen Arbeiten wie Abdichtung gegen Eintritt von Feuchtigkeit oder bei der Dämmung von Wänden. Denn nasse Wände und feuchte Immobilien werden ungern bewohnt und zeugen nicht von Qualität. Daher ist in dieser Phase besondere Anstrengung gefragt, die sich später in der Bewohnung der Immobilie auszahlt.

Die Vermarktung der im Bau befindlichen Immobilie kann auf grundsätzlich zwei verschiedene Arten erfolgen:

112. Bau der Immobilie und anschließende eigenständige Nutzung z. B. durch Einzug des Bauherrn oder durch Vermietung an Mieter.
Bei der Vermietung ist es notwendig, dass potentielle Mieter auf die neue Immobilie aufmerksam gemacht werden. Das kann z. B. durch Beauftragung einer Verwaltung oder eines Immobilienmaklers geschehen. Allerdings ist es auch denkbar, dass z. B. durch Werbung in der Zeitung oder im Internet ebenfalls Mieter angesprochen werden.

113. Bau der Immobilie und anschließender Verkauf als komplette Immobilie an neuen Eigentümer oder der Verkauf einzelner Wohnungen innerhalb der Immobilie und Bildung einer WEG. Beide Formen des Verkaufs haben Vor- und Nachteile. Ein großer Nachteil beim Verkauf einer großen Immobilie an einen neuen Eigentümer ist der hohe Preis. Es kann lange Zeit in Anspruch nehmen, bis ein entsprechender Käufer ausfindig gemacht wird. Durch die Bildung einer WEG besteht das Problem, dass eine Teilungserklärung zu erstellen ist. Hierfür sind Spezialisten erforderlich, die die Teilungserklärung auch notariell im Grundbuch verankern.

Wie Sie sehen, ist ein Bauprojekt eine große Aufgabe, die viele Meilensteine, Arbeiten, Abhängigkeiten und Voraussetzungen mit sich bringt. Schlussendlich ist ein Bauprojekt für ein Unternehmen, das sich auf den Bau von Immobilien spezialisiert hat, ein tägliches Geschäft. Dadurch kann das Unternehmen die Projekte ebenso gut abschätzen wie ein Unternehmen, das Maschinen und Anlagen herstellt. In jedem Fachbereich gibt es schwierige Projekte und einfache Projekte, das ist genau die Besonderheit, dass mit jedem Kunden, mit jedem Projekt jedes geschaffene Produkt einzigartig wird.

Die Wohnungseigentümer-gemeinschaft

In einem Mehrfamilienhaus, in dem die Wohnungen einzeln gekauft wurden, besteht die Gemeinschaft der Eigentümer, die Wohnungseigentümergemeinschaft (WEG). Die WEG ist gesamtheitlich für ihr komplettes Objekt verantwortlich und trägt gemeinschaftlich alle Kosten, Risiken, Pflichten und Rechte. In diesem Kapitel erfahren Sie die Bedeutung und die Grundlagen einer WEG sowie deren Führung und Organisation. Folgende Fragen werden Ihnen in diesem Kapitel beantwortet:

BEDEUTUNG UND GRUNDLAGEN

Die Bedeutung einer WEG wird in der Praxis häufig unterschätzt. Dies kommt dadurch, dass viele dem Traum, ein Eigenheim zu besitzen, nachkommen, allerdings nichts mit der Gemeinschaft zu tun haben wollen. Dies kann verschiedene Gründe haben, zum einen, weil die Gemeinschaft nicht mit dem Niveau des Alters zusammenpasst oder weil grundsätzliche Meinungsverschiedenheiten herrschen. Streit in der Nachbarschaft ist ebenfalls für eine erfolgreiche WEG nicht besonders hilfreich. Allerdings sondern sich solche Eigentümer von der WEG ab und wollen „ihr eigenes Ding drehen". Das Problem besteht jedoch darin, dass ein einzelner Eigentümer innerhalb einer WEG so gut wie nichts bewirken kann.

Was ist eine Wohnungseigentümergemeinschaft?
Wenn sich ein Bauherr dafür entscheidet, eine errichtete Immobilie nicht zu vermieten, sondern die darin befindlichen Wohnungen einzeln zu verkaufen, entsteht eine Gemeinschaft an Eigentümern, in diesem Fall eine WEG. Die Begründung einer WEG erfolgt rechtlich erst dann, wenn sämtliche Eigentümer im Grundbuch beim zuständigen Amtsgericht eingetragen werden [17]. Sämtliche Eigentümer innerhalb dieser WEG, und das können von mindestens zwei bis beliebig viele sein, stellen gemeinschaftlich das Eigentum der Immobilie dar. Sie sind gemeinschaftlich für alle Belange der Immobilie verantwortlich.

Diese WEG fungiert gegenüber Externen, also jeglichen Personen und Unternehmen als Einheit. Durch die Bildung der WEG werden Entscheidungen gemeinschaftlich getroffen. Jedoch ist es häufig so, dass es zu einzelnen Themen viele Meinungen gibt und diese nicht immer einheitlich ausfallen. Daher hat der Gesetzgeber die Regelung der einfachen Mehrheit getroffen. Das bedeutet, wenn mindestens 51 % der Eigentümer für oder gegen eine Entscheidung sind, wird sie durchgeführt oder auch nicht. Andernfalls wäre eine demokratische WEG nicht realisierbar. Für all dies ist ein gutes Miteinander sehr hilfreich, denn nur gemeinsam können in WEGs sachlich Entscheidungen getroffen werden und so zu einer Lösung von aufkommenden Problemen führen. Hierzu ist es auch wichtig, dass alle Eigentümer zur Versammlung erscheinen.

Allerdings ist es (leider) keine Pflicht für Eigentümer, an der Versammlung teilzunehmen, leider nehmen hiervon viele Eigentümer Gebrauch [18].

Wie wird eine Wohnungseigentümergemeinschaft gebildet?
Die grundsätzliche Bildung einer WEG erfolgt über die Immobilie selbst. Das bedeutet, wenn sich jemand dazu entschließt, eine Wohnung innerhalb eines Mehrfamiliengebäudes käuflich zu erwerben, tritt er automatisch dieser bestehenden WEG bei, daran führt kein Weg vorbei. Dadurch ist bereits die rechtliche Grundlage erfolgt. Eine weitere Voraussetzung zur Bildung einer WEG ist die Teilungserklärung. Das ist ein Dokument, in dem die Trennung des Sondereigentums (SE) vom gemeinschaftlichen Eigentum (GE) erfolgt [17].

Wie erfolgt die Trennung der einzelnen Eigentumsanteile?
Innerhalb des GE werden Bereiche definiert, die jeweils einem SE zugeordnet wird. Für dieses SE trägt ein Eigentümer sämtliche Rechte und Pflichten im Rahmen seiner Eigentumsanteile. Die Trennung erfolgt genauestens detailliert in der Teilungserklärung, sie dient als einer der Grundlagen zu ordnungsgemäßer Verwaltung bei. Häufig ist zu sehen, dass in den Teilungserklärungen von Eigentumsanteilen oder Einheitswerten gesprochen wird. Dies sind zwar gebräuchliche Methoden zur Ermittlung des Sondereigentums gewesen, allerdings sind diese veraltet. Hier werden häufig fiktive Werte genommen, eine gängige Methode ist es, die Zahl 10.000 anzuwenden und diese Zahl z. B. auf Grundlage der

Größe von SE umzulegen. Allerdings bietet diese Methode den großen Nachteil, dass sie nicht ohne Weiteres an z. B. Mieter weiterverrechnet werden darf.

Die neuere, genauere Methode richtet sich auf die Wohnfläche des gesamten Hauses. Hierbei entstehen keine runden Zahlen, allerdings sind diese Zahlen genau und können 1:1 an einen Mieter verrechnet werden. Hierbei werden sämtliche Einheiten, die dem SE unterliegen, zu einer Einheit addiert, dadurch ergibt sich die Gesamtwohnfläche. In der Nebenkostenabrechnung können weitere Faktoren z. B. für die Nutzung eines Aufzugs hinzukommen. Hierzu kann beispielsweise das Stockwerk als Schwerpunkt in der Verteilung herangezogen werden. Die Vorgehensweise zur Berechnung ist in Formel 2: Beispiel einer Aufzugsabrechnung im Faktorverfahren [9] dargestellt.

Formel 2: Beispiel einer Aufzugsabrechnung im Faktorverfahren [9]

Die

Tabelle 11: Beispielhafte Abrechnung eines Aufzugs im 3-stöckigem Haus [9] zeigt die Anwendung der Formel in einem Tabellenkalkulationsprogramm auf. Hier wurden die Gesamtkosten des Aufzuges in Höhe von 800 € auf insgesamt sechs Eigentümer in drei Stockwerken plus Erdgeschoss aufgeteilt. Durch den Multiplikator kann die Gesamtwohnfläche von 570 m^2 nicht mehr angewendet werden, sondern ist anhand des Multiplikators neu zu berechnen und liegt mit diesem bei 1320 m^2.

Tabelle 11: Beispielhafte Abrechnung eines Aufzugs im 3-stöckigem Haus [9]

Gesamtkosten Aufzug:	Stockwerk	Fläche	Multiplikator	Faktor	Einzelkosten	Anteil an Gesamtkosten
800,00 €	EG	170 m^2	1	0,12879	103,03 €	13 %
	1	90 m^2	2	0,13636	109,09 €	14 %
	1	70 m^2	2	0,10606	84,85 €	11 %
	2	50 m^2	3	0,11364	90,91 €	11 %
	2	80 m^2	3	0,18182	145,45 €	18 %
	3	110 m^2	4	0,33333	266,67 €	33 %
Summen:	1320 m^2			1,0	800,00 €	100 %

Wie Sie sehen, ist die Abrechnung keine schwierige Aufgabe. Es ist jedoch bei der Erstellung der Abrechnung stets darauf zu achten, dass die Rechnungen möglichst leicht verständlich und einfach nachzuvollziehen sind. Es empfiehlt sich, bei der Erstellung der Abrechnung Berechnungsbeispiele anzufügen, damit werden Rückfragen vermieden. Der Multiplikator im Erdgeschoss kann nicht Null sein, da multipliziert mit Null kein Betrag ausgegeben wird. Deshalb wird im EG mit „Eins“ begonnen. Die Begründung einer solchen Abrechnung kann mit dem Stromverbrauch erfolgen, denn die Bewohner in den oberen Stockwerken benötigen mehr Strom als die unteren Stockwerke.

Wie erfolgt die Finanzierung einer Wohnungseigentümergemeinschaft?

Unter Finanzierung innerhalb einer WEG können verschiedene Themen gemeint sein. Eines davon ist die Finanzierung von Reparaturen und Investitionen sowie die Finanzierung laufender Kosten. Mittel zur Finanzierung bieten hier zwei unterschiedliche Konten. Das eine ist ein normales Konto bei einer Bank und das andere kann ebenfalls ein Konto oder auch ein Sparbuch sein, auf das die Rücklagen eingezahlt werden. Kleinere Reparaturen können durch die Rücklagen eigenfinanziert werden oder bei größeren Reparaturen die Zuführung in die Rücklagenkasse per Beschluss erhöht werden. Sollte dies jedoch nicht ausreichen, werden Kredite im Rahmen von Renovierungen oder Modernisierungen benötigt. Solche Kredite kann nur die Gemeinschaft beschließen und durch die Eigentümervertretung, z. B. den Beirat oder die Verwaltung, beantragt werden. Laufende Kosten einer WEG, die zum Betrieb der Immobilie anfallen, werden, wie bereits beschrieben, mit Umlageschlüsseln verteilt.

Dabei werden sämtliche Ein- und Auszahlungen durch die Eigentümer sowie Guthaben und Zahlungen mit Unternehmen über das Arbeitskonto durchgeführt. Monatlich werden hingegen die Rücklagen dem Rücklagenkonto gutgeschrieben. Dadurch ist stets gewährleistet, dass die Rücklagen nicht für andere Tätigkeiten verbraucht werden. In der jährlichen Abrechnung sind sämtliche handwerklichen Leistungen so darzustellen, damit anteilig jeder Eigentümer die haushaltsnahen Dienstleistungen bei der Steuererklärung geltend machen kann.

Hierbei ist es wichtig, dass bei den einzelnen Positionen die Gesamtsumme sowie die anteilige Summe ersichtlich sind. Außerdem ist es notwendig, die angefallenen Reparaturen, die vom Rücklagenkonto abgebucht wurden, darzustellen. Dies gewährt bestmögliche Transparenz, was mit den Geldern der Gemeinschaft geschehen ist. Nur Summen auszuweisen, wie Anfangs- und Endkapital, ist nicht ausreichend, da die Nachvollziehbarkeit nicht gewährleistet ist und auch die Grundsätze ordnungsgemäßer Verwaltung nicht gegeben sind.

FÜHRUNG UND ORGANISATION

Eine WEG zu führen, ist keine einfache Aufgabe, die „mal eben schnell" durchgeführt werden kann. Hierbei gibt es eine Vielzahl an Gesetzen und Regelungen, die zu beachten sind. Allerdings ist sehr häufig zu sehen, dass einzelne WEGs sich selber verwalten. Das bedeutet, dass innerhalb der WEG einer oder mehrere Eigentümer sich um die Buchführung kümmern. Insofern dies nicht gewünscht bzw. nicht gewollt ist, kann die Gemeinschaft die Führung und Organisation, oder auch kurz „Verwaltung", an eine externe Person abgeben oder ein Unternehmen beauftragen.

Wie ist die Organisation aufgebaut?

Die Organisation einer WEG beruht auf drei Standfüßen. Diese sind:

114. Die Eigentümer
115. Der Beirat
116. Die Verwaltung

Jeder dieser drei Parteien hat seine eigene Aufgabe, wobei der Beirat ein Eigentümer darstellt, der von der Eigentümergemeinschaft benannt wird, um unter dem Jahr die Eigentümer zu vertreten. Diese Tätigkeit ist in der Regel ehrenamtlich, kann jedoch mit einer gewissen Aufwandsentschädigung verbunden sein.

Allerdings darf diese nicht zu hoch sein und ist in der jährlichen Versammlung zu beschließen. Das kann eine Pauschale in Höhe von z. B. 100 € im Jahr sein. Hierzu gehören dann auch die Teilnahmen an entsprechenden Veranstaltungen wie z. B. Sitzungen für Reparaturen oder das Drucken von Aushängen und z. B. auch kleinere Reparaturen wie das Erneuern von defekten Leuchtmitteln, um die Hausmeisterkosten zu reduzieren. Die Eigentümer selbst bilden innerhalb der WEG ebenfalls ein Standbein, da sie die Immobilie finanzieren und so schlussendlich die WEG „am Leben erhalten". Jede Partei innerhalb der WEG kann z. B. eine Stimme haben, diese Stimme kann nach deren Einheitswerten oder Quadratmetern mehr oder weniger gewichten. Eine weitere Form besteht darin, dass einzelnen Parteien mehrere Stimmen gegeben werden. Dieses Stimmrecht regelt in der Regel die Teilungserklärung und kann nicht einfach so geändert werden. Die Verwaltung hat die Aufgabe, die WEG zu führen und sie so zu vertreten, damit die Tätigkeit der Verwaltung den Grundsätzen ordnungsgemäßer Verwaltung entspricht [19].

Wie wird eine Wohnungseigentümergemeinschaft geführt?

Unter der Führung einer WEG werden im Allgemeinen unterschiedliche Inhalte gemeint. Als Erstes ist natürlich die Verwaltung der Gelder gemeint. Hierzu gehören sämtliche Ein- und Ausgänge, die die WEG betreffen. Außerdem gehört zur Führung einer WEG die Erstellung sämtlicher Unterlagen, die im Zusammenhang mit der WEG notwendig sind. Beispiele hierzu sind:

117. Abrechnungen
118. Aufstellung der durchgeführten Arbeiten
119. Hausordnung
120. Wirtschaftsplan

Natürlich gibt es auch noch weitere Tätigkeiten, nicht nur die Erstellung von Dokumenten. Hierzu gehört auch die Führung der Buchhaltung sowie die Verwaltung und Organisation von verschiedenen Versicherungen wie z. B. die Versicherung des Gebäudes, die Versicherung gegen Leitungswasserschäden und ggf. auch die Kapitalversicherung für Verwaltungsbeiräte.

Ordnungsgemäße Verwaltung wird damit bestätigt, dass der Verwalter das Gebäude aus jeglichem Blickwinkel verwaltet und auch die Eigentümer nach außen hin vertritt und nicht nur auf die Einholung von Aufträgen zur Sanierung der Immobilie blickt. Dazu gehört es auch, dass der Verwalter die Eigentümergemeinschaft auf Missstände aufmerksam machen kann, jedoch nicht selbst tätig werden darf. Denn der oberste Grundsatz ist, dass der Verwalter nicht mit seinem eigenen Geld hantiert und nicht in seiner eigenen Immobilie hantiert, sondern das Geld und die Immobilie anderen Personen gehören. Dadurch haben diese Personen die Hoheit über das Geld sowie die Immobilie. Wenn sie kein Geld ausgeben möchten und nicht in das Gebäude investieren wollen, so hat dies der Verwalter zu respektieren und nicht eigenhändig Hand anzulegen und Unternehmen mit Sanierungen bzw. Renovierungen zu beauftragen.

Hiervon ausgenommen sind natürlich Arbeiten, die dem Allgemeinwohl bzw. „Gefahr in Verzug" betreffen. Dies kann z. B. eine geplatzte Wasserleitung sein, aber auch ein stehen gebliebener Aufzug darstellen. Hierzu hat der Verwalter die Möglichkeit, die Gefahren abzuwenden, indem er z. B. einen Notdienst bestellt, um weiteren Wasseraustritt und dadurch höheren Schaden zu verhindern. Oder den Aufzug zu reparieren. Hierzu gibt es einige Möglichkeiten, zu denen die Eigentümer greifen können. Sie können z. B. beschließen, dass bei solchen Fällen immer der Beirat zu kontaktieren ist oder dass dem Verwalter eine Pauschale gewährt wird, bis zu welcher Summe er Arbeiten selbstständig durchführen darf.

Hierbei ist eines zu beachten: Wenn dem Verwalter und dem Beirat keine Handhabe gewährt wird, so kann der Verwalter nicht tätig werden. Dadurch sinken die Reaktionsfreudigkeit sowie die Schnelligkeit, um Reparaturen durchführen zu können. Reparaturen werden so extrem verzögert, da immer eine komplette Versammlung einzuberufen ist, damit über die Vorgehensweise zu den Reparaturen Beschluss gefasst werden kann [19].

Die Verwaltung ist demnach eine Balance zwischen Beauftragung, Vertrauen und Ehrlichkeit. Denn es können nicht alle Tätigkeiten zu 100 % in einem Vertrag festgehalten werden und basieren auf eine gewisse Vertrauensbasis zwischen Verwalter und Eigentümer.

Kann eine WEG die Verwaltung ihrer Immobilie an ein Unternehmen beauftragen?

Ganz einfach gesagt: Ja! Jede WEG kann eine natürliche oder juristische Person mit der Verwaltung ihrer Immobilie beauftragen. Hierbei ist jedoch unbedingt darauf zu achten, dass nicht alleinig der Preis der Verwaltung als Entscheidungskriterium herangezogen wird, sondern auch die Referenzen. Die Beauftragung der WEG mit der Verwaltertätigkeit erfordert einiges an Vertrauen. Daher ist es ratsam, bei der Suche nach geeigneten Verwaltungen ordentliche Arbeit zu leisten.

Hierbei können Sie sich Referenzen z. B. im Internet heraussuchen und die Immobilien besichtigen, auch die Eigentümer nach Informationen fragen, indem Sie sich z. B. nach der Zufriedenheit und der Verwaltungstätigkeit erkundigen. Denn ein großes Problem bei Hausverwaltungen ist, dass praktisch jeder sich als Hausverwalter ausgeben kann. Damit ein Hausverwalter als solcher tätig werden kann, wurde im August 2018 der Paragraph 34c der Gewerbeordnung ausgeweitet.

Hierbei wurden WEG-Verwalter und Mietverwalter unter dem Begriff Wohnimmobilienverwalter zusammengefasst. In dem Gesetz ist die Erbringung eines Nachweises geordneter Vermögensverhältnisse sowie der Nachweis einer Berufshaftpflichtversicherung gefordert [6]. Eine

Prüfung wie z. B. die Meisterprüfung in den sog. zulassungspflichtigen Handwerken ist nicht erforderlich, sondern wird lediglich empfohlen.

Damit das Vermögen der WEG buchstäblich nicht in falsche Hände gerät, ist die Auswahl einer professionellen Verwaltung, die z. B. zertifizierte Fachwirte in den Bereichen von Immobilien oder Wohnungen, aber auch in dem Bereich Vermögen beschäftigt, ratsam. Denn bei der Verwaltung einer WEG ist nicht nur die Verwaltung der Immobilie selbst, sondern auch die Verwaltung des Vermögens der WEG notwendig.

Kann der Verwalter wieder abberufen werden?

Wenn ein Verwalter gefunden wurde, dabei spielt es keine Rolle, ob es sich um eine private oder juristische Person handelt, ist ein Verwaltervertrag notwendig. In diesem Vertrag werden die Aufgaben sowie der Beauftragungszeitraum festgesetzt. Dieser Zeitraum kann üblich auf drei oder fünf Jahre festgesetzt werden. Bei dieser Festsetzung werden zwei Eigentümer durch einen Beschluss der Gemeinschaft gewählt. Bei diesen Personen handelt es sich häufig um die Beiräte. Zur Unterzeichnung des Vertrages werden die Beiräte und die Verwaltung beim örtlichen Notar eingeladen. Diese unterzeichnen den gemeinschaftlichen Vertrag und das Protokoll, in dem die beiden Eigentümervertreter namentlich benannt wurden.

Innerhalb dieses Zeitraums kann die Verwaltung nur dann abberufen werden, wenn sie z. B. fahrlässig handelt oder Gelder unterschlägt, aber auch die mehrfache Beauftragung von Arbeiten, die die Gemeinschaft nicht möchte, kann zu einer außerordentlichen Abberufung führen. Weitere Gründe können ebenfalls sein, dass [20]

121. sich die Verwaltung weigert, Beschlüsse umzusetzen.
122. die Verwaltung eigene Gelder und Gelder der WEG vermischt.

123. die Jahresabrechnungen nicht ordnungsgemäß und/oder verspätet erstellt wird.

124. die Verwaltung sich weigert, Einblicke in die Buchführung zu gewähren.

125. die Zusammenarbeit mit dem Beirat verweigert oder Strafanzeigen gestellt werden.

Im Rahmen der jährlich stattfindenden Eigentümerversammlung werden die Beiräte sowie die Versammlung entlastet. Bei dieser Entlastung ist es wichtig zu wissen, dass wenn Zweifel an den Tätigkeiten der Beiräte und/oder der Verwaltung bestehen, diese nicht entlastet werden. Denn durch die Entlastung wird den Beiräten und der Verwaltung ordnungsgemäße Arbeit bescheinigt. Dadurch können keine Ansprüche mehr erhoben werden. Weiter ist zu beachten, dass eine Nichtentlastung zu begründen ist. Es kann nicht jedes Jahr die Entlastung verweigert werden. Hierzu sind begründete Argumente vorzubringen, andernfalls ist es möglich, dass die Verwaltung den Verwaltervertrag nicht mehr verlängern möchte und so die WEG einen neuen Verwalter zu suchen hat.

Abkürzungsverzeichnis

AGB .... Allgemeine Geschäftsbedingungen

DSGVO .... Datenschutzgrundverordnung

ErbSt .... Erbschaftssteuer

ESt .... Einkommenssteuer

GE .... Gemeinschaftseigentum

GSt .... Grundsteuer

KFZ .... Kraftfahrzeug

MA .... Mitarbeiter

REITs .... Real-Estate-Investment-Trusts

SE .... Sondereigentum

SolZ .... Solidaritätszuschlag

WEG .... Wohnungseigentümergemeinschaft

z. B. .... zum Beispiel

Tabellen- und Formelverzeichnis

Quellen- und Literaturverzeichnis

[1] Ingenieur, „Ranking: Die zehn höchsten Gebäude der Welt - ingenieur.de". https://www.ingenieur.de/technik/fachbereiche/architektur/ranking-die-hoechsten-gebaeude-haeuser-welt/ (zugegriffen Sep. 19, 2020).

[2] Gabler Wirtschaftslexikon, *Wirtschaftslexikon*, 19. Wiesbaden: Springer Gabler, 2018.

[3] www.steuern.de, „Einkünfte aus Vermietung und Verpachtung steueroptimiert". https://www.steuern.de/einkuenfte-vermietung-verpachtung.html (zugegriffen Sep. 19, 2020).

[4] Immoverkauf 24, „Immobilienfonds: Definition & Unterschiede". https://www.immoverkauf24.de/baufinanzierung/immobilie-als-kapitalanlage/immobilien-investment/immobilienfonds/ (zugegriffen Sep. 20, 2020).

[5] M. Viering und N. Rodde, *Immobilien- und Bauwirtschaft aktuell – Entwicklungen und Tendenzen*. Wiesbaden: Springer, 2015.

[6] Firma, „Hausverwaltung gründen: So werden Sie Hausverwalter - firma.de". https://www.firma.de/firmengruendung/hausverwaltung-gruenden-tipps-fuer-ihren-weg-zum-selbststaendigen-hausverwalter/ (zugegriffen Okt. 19, 2020).

[7] Ratgeber Immowelt, „Grundsteuer Berechnung: Was Eigentümer wissen müssen". https://ratgeber.immowelt.de/a/die-grundsteuer-und-ihre-berechnung-was-eigentuemer-wissen-muessen.html (zugegriffen Sep. 20, 2020).

[8] K.-U. Brauer, *Grundlagen der Immobilienwirtschaft*, 5. Wiesbaden: Gabler, 2006.

[9] Durch den Autor erstellte Medien, „Selbst erstelltes Bild, Tabelle, Dokument, Zeichnung, Grafik. Das Medium mit dieser Kennzeichnung wurde mithilfe verschiedener Computerprogramme und eigenem Wissen des Autors hergestellt." Eigenerstellung, kein Verlag.

[10] Immobilienscout 24, „Rechte & Pflichten eines Vermieters » Vermieterrechte & Pflichten". https://www.immobilienscout24.de/wissen/vermieten/rechte-pflichten.html (zugegriffen Sep. 20, 2020).

[11] Tradegate, „Tradegate Exchange". https://www.tradegate.de/ (zugegriffen Okt. 25, 2020).

[12] Finanztipp, „Wertpapiere - Was steckt dahinter? (Überblick zu den Wertpapier-Arten, Wertpapierkennnummer, Wertpapierkurse, Definition, Ausgabe) - Finanztip". https://www.finanztip.de/wertpapiere/ (zugegriffen Okt. 25, 2020).

[13] Haus & Grund Neuss, „Haus & Grund Neuss | Datenschutz-Grundverordnung (DSGVO)". https://www.hausundgrund-neuss.de/themen/datenschutz-grundverordnung-dsgvo/ (zugegriffen Okt. 10, 2020).

[14] T. Reisbeck und L. B. Schöne, *Immobilien-Benchmarking - Ziele, Nutzen, Methoden und Praxis*. Berlin Heidelberg: Springer, 2006.

[15] Casavi, „Casavi für Hausverwaltungen | Die digitale Service Plattform". https://casavi.de/hausverwaltungen/ (zugegriffen Okt. 07, 2020).

[16] M. Burghardt, *Projektmanagement: Leitfaden für die Planung, Überwachung und Steuerung von Projekten.*, 10. Aufl. München: Publicis

Picelverlag, 2017.

[17] Ratgeber Hausverwaltung, „Wohnungseigentümergemeinschaft (WEG) - Alle wichtigen Infos für Sie!" https://www.hausverwaltung-ratgeber.de/hausverwaltung/wohnungseigentuemergemeinschaft.html (zugegriffen Okt. 19, 2020).

[18] Ratgeber Hausverwaltung, „Muss man zur Eigentümerversammlung, wenn man Teil einer Wohnungseigentümergemeinschaft ist? - Ist diese Pflicht?" https://www.hausverwaltung-ratgeber.de/muss-man-zur-eigentuemerversammlung-wenn-man-teil-einer-wohnungseigentuemergemeinschaft-ist.html (zugegriffen Okt. 19, 2020).

[19] Ratgeber Hausverwaltung, „Die ordnungsgemäße Verwaltung von WEG-Eigentum einfach erklärt!" https://www.hausverwaltung-ratgeber.de/ordnungsgemaesse-verwaltung-was-man-darunter-versteht-und-warum-es-fuer-die-weg-wichtig-ist.html (zugegriffen Okt. 19, 2020).

[20] Wohnungseigentum e. V., „Wohnungseigentum - Abberufung des WEG Verwalters | wohnen im Eigentum e.V." https://www.wohnen-im-eigentum.de/verbraucher-infos/wohnungseigentum/verwaltung/verwalter-abberufung (zugegriffen Okt. 19, 2020).

Anlagen zum Buch

Die nachfolgend aufgeführten Anlagen zeigen Ihnen mögliche Formulare auf, die Sie für Ihre Vermietung nutzen können.

Hierbei befindet sich eine Vorlage zur Abfragung und Aktualisierung von Daten „Vorlage 1“ auf Seite 48. Auch ein möglicher Vordruck zur Erteilung eines Dauerauftrags befindet sich in „Vorlage 2“ auf Seite 50 sowie ein Formular zur Erfragung der Mietschulden und der Mietsicherheit beim Vormieter, „Vorlage 3“ auf Seite 51. Diese drei Anlagen sind aus Sicht des Autors die wichtigsten Formulare im Bezug zur Vermietung und geben eine gewisse Sicherheit gerade zu Beginn der Vermietung sowie mit der Zusammenarbeit zwischen Mieter und Vermieter.

Die letzte Vorlage, die „Vorlage 4“ auf Seite 52, dient im Zusammenhang mit mitvermieteten Gegenständen wie z. B. Schränken, Küche etc. als Anlage zum Mietvertrag. Diese Anlage vergessen viele Vermieter, an ihren Mietvertrag anzufügen und haben im Falle eines Streitfalls das Problem nachzuweisen, dass ihnen die Einrichtung gehört. Daher ist es von großer Bedeutung, wenn Inventar mitvermietet wird, diese Anlage unterschrieben als festen Bestandteil im Mietvertrag zu verankern.

Alle aufgeführten Vorlagen wurden vom Autor des vorliegenden Buches erstellt und befinden sich bei ihm im täglichen Gebrauch, ebenfalls durch Gerichtsurteile und Versicherungsleistungen mehrfach bestätigt. Daher können die Vorlagen bedenkenlos angewendet werden. Auf die Vorlage eines Mietvertrages wurde bewusst verzichtet, da sich die Rechtsprechung „dauernd“ ändert und eine Vorlage somit nicht lange gültig wäre. Hier empfiehlt es sich, bei Ihrer Versicherung (falls vorhanden) nachzufragen, namhafte Versicherungen bieten auch kostenlose Vorlagen in ihren Portalen zum Herunterladen an. Außerdem besteht die Möglichkeit, bei Verwaltungen nachzufragen und einen aktuellen Mietvertrag käuflich zu erwerben.

Allerdings wird dringend davon abgeraten, Mietverträge z. B. in einem Einkaufshaus oder in einer Buchhandlung zu beziehen. Hier haben Sie identisches Problem wie mit einer möglichen Vorlage in diesem Buch: Zwischen dem Druck und dem Kauf im Laden kann eine große Zeitspanne liegen. Damit ist die Aktualität des Dokuments nicht mehr gewährleistet, außerdem besteht die Gefahr, dass die Inhalte des Vertrages nicht mehr rechtsgültig sind und daher nicht mehr zur Anwendung kommen.

Falls Sie doch eine solche Vorlage anwenden, sollten Sie einen Passus einfügen, der besagt, dass wenn einzelne Teile des Mietvertrages ungültig sind, der Rest dennoch seine Gültigkeit behält und die ungültigen Teile durch aktuellere Nachträge ersetzt werden. Nur so sind Sie in der Lage, einen ungültigen Passus zu korrigieren, wenn der Mieter das nicht möchte, und der Passus zur Korrektur im Mietvertrag verankert ist, so hat er von seinem Sonderkündigungsrecht Gebrauch zu machen und die Immobilie zu verlassen.

VORLAGE 1: SELBSTAUSKUNFT FÜR MIETER UND INTERESSENTEN [9]

Mieterselbstauskunft (4-seitig) * / Aktualisierung der Daten bei bestehenden Mietverhältnissen (2- seitig) *

Hiermit wird von (mir/uns) * eine Selbstauskunft zur (Anfrage eines Mietverhältnisses / Aktualisierung der gespeicherten Daten) * erteilt. Es ist (mir/uns) * bewusst, dass unwahre sowie unvollständige Angaben zum Nichtzustandekommen des Mietverhältnisses oder zum Ausschluss aus dem Mietverhältnis führen können.

Bei Datenaktualisierung bitte nur die zu ändernden Teile angeben!

*nichtzutreffendes bitte streichen

	Mieter	**Ehegatte/ Mitmieter**
Name(n):		
Vorname(n):		
Anschrift:		
Geburtsdatum/Ort:		
Staatsangehörigkeit:		
Tel.- Nr./Mobil:		
E-Mail:		
Beruf:		
selbstständig/angestellt		
Arbeitgeber/Minijob		
beschäftigt seit:		

Netto-Einkommen: Bitte jede Angabe über die letzten drei Monate mit Kopien belegen. (bitte alles angeben: Ba-fög, Unterstützung von Eltern, Minijob usw.)		
Raucher ja/nein:	O ja O nein	O ja O nein
Haustiere: wenn ja, welche:	O ja O nein	O ja O nein
Musikinstrumente: wenn ja, welche:	O ja O nein	O ja O nein
Einholung von Auskünften bei der Schufa:	**Stimmen Sie zu, dass der Vermieter die Auskunft bei der Schufa einholt?**	
	O ja O nein	
Einholung von Auskünften bei dem Vormieter:	**Stimmen Sie zu, dass der Vermieter Ihren alten Vermieter kontaktiert?**	
	O ja O nein	
Name/Anschrift/Telefon:		

Erklärung: bitte angeben JA oder NEIN

In den letzten 5 Jahren ist eine der aufgeführten Personen wegen eines Mietrückstandes	O ja O nein	O ja O nein
In den letzten 5 Jahren musste eine der aufgeführten Personen eine eidesstattliche Versicherung über die Vermögensverhältnisse abgeben. (früher Offenbarungseid)	O ja O nein	O ja O nein
Gegen eine der aufgeführten Personen ist zurzeit ein laufendes Verbrauchsinsolvenzverfahren anhängig.	O ja O nein	O ja O nein

Die Wohnung wird für _____ Personen benötigt, davon sind ______ Kinder.

Jetziger Vermieter: ____
Name, Anschrift, Telefon:

Ich/wir bin/sind in der Lage, eine Mietsicherheit von 3 Monatsmieten in einer Summe zu leisten und die vertraglich vereinbarte Miete laufend zum Monatsanfang zu zahlen. O ja O nein

Mir/uns ist bekannt, dass falsche Angaben den Gebäude- bzw. Wohnungseigentümer zur Anfechtung des aufgrund dieser Angaben geschlossenen Mietvertrages berechtigt. O ja O nein

Diese Selbstauskunft ist Bestandteil des Mietvertrages.

Bei Zusage der Wohnung und Unterzeichnung des Mietvertrages benötigt der Wohnungseigentümer

folgende Unterlagen: (Ausweis Vorder-/Rückseite in Kopie, Einkommensnachweise der letzten 3 Monate, Schufa-Auskunft ODER: Einwilligung zur Einsichtnahme der Schufaeinträge).

Bei Schlüsselübergabe muss die erste (anteilige) Miete und drei Monatsmieten-Kaution überwiesen sein oder in Bar vor Ort bezahlt werden, ansonsten werden keine Schlüssel übergeben!

Der/Die Mietinteressent(en) versichern hiermit für sich und für den/die vorgesehenen Mitbenutzer ausdrücklich und rechtsverbindlich, dass die vorstehenden Angaben vollständig sind und der Wahrheit entsprechen. Sämtliche Angaben in dieser Selbstauskunft dienen der Beurteilung des/der Mietinteressenten und sind vor allem Grundlage der Entscheidung über den Mietvertragsabschluss. Dem/ den Mietinteressenten ist bewusst, dass unrichtige oder unvollständige Angaben die Vermieterseite als andere Mietvertragspartei berechtigen, entweder die Wirksamkeit eines dennoch abgeschlossenen Mietvertrags anzufechten oder diesen fristgerecht, gegebenenfalls sogar fristlos zu kündigen. Der Verwender dieser Selbstauskunft erklärt seinerseits, dass er die vorstehenden Angaben des/der Mietinteressenten streng vertraulich behandeln und insbesondere die Bestimmungen des Datenschutzgesetzes zum Schutz personenbezogener Daten (1, § 2 Bundesdatenschutzgesetz) beachten wird. Der/Die Mietinteressent(en) andererseits erklärt/erklären, dass er/sie ausdrücklich entsprechend § 28 Bundesdatenschutzgesetz mit der Verwendung der abgegebenen Daten für eigene Zwecke des Verwenders einverstanden ist/ sind.

Ort, Datum__________________________

__________________________	__________________________
Mietinteressent	Ehegatte/Mitmieter

VORLAGE 2: ERTEILUNG EINES DAUERAUFTRAGS [9]

Bank:

____

____

____

____

Dauerauftrag – Neuanlage* – Änderung*

*Bitte richten Sie folgenden Dauerauftrag zu Lasten meines/unseres obigen Kontos ein
*Bitte ändern Sie meinen bestehenden Dauerauftrag mit der Nr.:_______________ vom ___.____.____ zum __.__.____ zu folgenden Bedingungen:

*(Nichtzutreffendes streichen)

Empfängerdaten:

Name, Vorname: Name des Vermieters
Telefon: Telefon des Vermieters
IBAN: Bankverbindung des Vermieters
Bei Kreditinstitut: Name der Bank des Vermieters

Betrag: EUR:__________________

Verwendungszweck:

Miete und Nebenkostenvorauszahlung für:

Bezeichnung oder Mieternummer

Ausführungsturnus: monatlich

Erstmals zum: ____________________ TT/MM/JJJJ

Laufzeit: unbefristet

____________________ *X*____________________

Ort, Datum **Unterschrift(en)**

VORLAGE 3: BESCHEINIGUNG ZUR MIETSCHULDENFREIHEIT [9]

Der*/die Mieter*/in*____

Name, Vorname / Name, Vorname*

bisheriger Wohnsitz von ____________ bis ___________(*Nichtzutreffendes streichen) Datum Datum

in____

Straße, Hausnummer, PLZ, Ort

o Ist den Zahlungsverpflichtungen aus dem Mietverhältnis immer vollständig und fristgerecht nachgekommen. Es bestehen keine Mietschulden.

o Hat noch Schulden aus dem Mietverhältnis in Höhe von _______________ €. Hierüber wurde eine Zahlungsvereinbarung getroffen wie folgt.

____

____

o Hat noch Schulden aus dem Mietverhältnis in Höhe von ___________ €. Die Begleichung der Schulden steht noch aus und ist noch nicht geklärt.

o Es besteht noch eine Mietsicherheit in Form von _______________ (Art der Sicherheit, z. B. Sparbuch) und in der Höhe von _______________€.

o Es besteht die Möglichkeit der direkten Überweisung an den neuen Vermieter.

o Es besteht die Möglichkeit der Übernahme der oben genannten Sicherheit.
o Die Sicherheit wird
o nicht ausbezahlt, da noch Mietschulden bzw. offene Reparaturen bestehen.
o direkt an den Mieter ausbezahlt.

Bemerkungen:

Vermieter:

____

Name / Firma Straße / Hausnummer / PLZ / Ort

____

Telefon / Mobilfunk / Fax Internet / E-Mail

______________________ __________________________

Ort, Datum Unterschrift + Stempel Vermieter

VORLAGE 4: INVENTARLISTE ALS ANLAGE ZUM MIETVERTRAG [9]

§ 1 Inventar:
(Auflistung des Inventars mit Wertangabe)

____

____

____

____

§ 2 Instandhaltung
Die Parteien sind sich darüber einig, dass die vorbezeichneten Gegenstände und Geräte nicht neuwertig sind, und haben diesen Umstand auch bei der Höhe des Mietpreises berücksichtigt. Die Kosten für notwendige Reparaturen am Inventar trägt daher der Mieter, auch wenn ihn an der Verschlechterung des Inventars ein Verschulden trifft.

§ 3 Ersatz für funktionsuntaugliches Inventar
Die Parteien sind sich darüber einig, dass die vorbezeichneten Gegenstände und Geräte nicht neuwertig sind, und haben diesen Umstand auch bei der Höhe des Mietpreises berücksichtigt. Sollte ein Gegenstand seine Funktion nicht mehr einwandfrei erfüllen, ist es Sache des Mieters, diesen – nach Maßgabe des §5 dieses Vertrages – zu ersetzen. Dies gilt auch dann, wenn den Mieter an der Verschlechterung des Gegenstandes kein Verschulden trifft.

§ 4 Pflege und Sorgfaltspflicht
4.1 Der Mieter geht mit dem Inventar ab dem Zeitpunkt der Übergabe der Mietsache so um wie ein verantwortungsvoller Eigentümer. Es

obliegt dem Mieter, das Inventar regelmäßig zu reinigen und bei Bedarf Ausbesserungsarbeiten, die im Rahmen eines normalen Gebrauchs anfallen, z. B. das Oberst einer Holzarbeitsplatte, der Austausch einer Glühbirne etc., vorzunehmen. Die Kosten hierfür trägt der Mieter.

4.2 Für sämtliche Schäden am Inventar, die auf eine Verleitung von Obhutspflichten des Mieters zurückzuführen sind, sowie für alle Schäden wegen unsachgemäßer Behandlung oder übermäßiger Beanspruchung haftet der Mieter. Er haftet ebenfalls für Schäden, die durch Familienangehörige, Freunde des Mieters oder sonstige Dritte verursacht wurden. Dies gilt auch in dem Fall, dass sich nicht feststellen lässt, welche Person den Schaden verursacht hat. Wenn während des Mietverhältnisses Schäden am Inventar auftreten, ist der Mieter verpflichtet, dies dem Vermieter unverzüglich anzuzeigen.

§ 5 Schadensersatz

Der Mieter haftet für das Abhandenkommen oder die Funktionsuntauglichkeit des Inventars während der Mietdauer gemäß den folgenden Regelungen, sofern nicht der Vermieter gemäß §3 der Inventarliste zum Ersatz verpflichtet ist. Dem Mieter steht ein Wahlrecht zu: Er kann sowohl Schadensersatz zahlen oder durch ordnungsgemäße und fachmännische Reparatur des beschädigten Teils für Schadensausgleich sorgen. Der Mieter kann auch für gleichwertigen Ersatz sorgen. Der Ersatz ist als gleichwertig anzusehen, wenn der Einrichtungsgegenstand bzw. das Möbelstück nach Baujahr, Design und Funktion dem beschädigten Teil entspricht. Der Ersatz muss nicht identisch sein – sofern der Mieter Schadensersatz leisten möchte, gilt als Grundlage für die Begleichung des Schadensersatzes der in der Inventarliste angegebene Wert. Gleicht der Mieter innerhalb einer vom Vermieter gesetzten angemessenen Frist den Schaden nicht aus, so muss er dem Vermieter den entsprechenden Betrag in Geld ersetzen.

§ 6 Rückgabe des Inventars

Nach Beendigung des Mietverhältnisses ist der Mieter zur Rückgabe der Wohnung an den Vermieter verpflichtet. Da die Wohnung dem Mieter mit Inventar überlassen wurde, umfasst diese Verpflichtung des Mieters auch die Rückgabe sämtlichen Inventars gemäß Inventarliste (§566 BGB) und zwar an Ort und Stelle, dort wo sich das Inventar beim Einzug jeweils befunden hat.

________________	____________________	______________________
Ort, Datum	Vermieter	Mieter

Wir danken Ihnen für Ihr Interesse und Ihr Vertrauen. Als Dankeschön dafür, haben wir eine besondere Überraschung. Sie interessieren sich für Investments? Dann haben wir etwas für Sie. Finden Sie heraus, warum sie so wichtig sind und was es zu beachten gibt. Das Beste: Sie erhalten diese vollkommen kostenlos. Das klingt wunderbar? Dann warten Sie nicht lange und holen Sie sich Ihr Gratis-Geschenk.

Hier geht es zu Ihrem Gratis-Geschenk:

https://forms.gle/aESYBcbhNREYXRu19

1. **Öffnen Sie die Kamera-App auf Ihrem Smartphone und richten Sie die Kamera auf den QR-Code.**
2. **Klicken Sie auf den Link, der Ihnen angezeigt wird und schon werden Sie zur Website weitergeleitet.**

Impressum

Herausgeber: Malik & Mähleke GmbH / Ericusspitze 4 / 20457 Hamburg
Kontakt: kontakt@empireofbooks.de
Website: https://empireofbooks.de
Coverbild: Shutterstock

Haftungsausschluss:
Die Nutzung dieses Buches und die Umsetzung der enthaltenen Informationen, Anleitungen und Strategien erfolgt auf eigenes Risiko. Der Autor kann für etwaige Schäden jeglicher Art aus keinem Rechtsgrund eine Haftung übernehmen. Haftungsansprüche gegen den Autor für Schäden materieller oder ideeller Art, die durch die Nutzung oder Nichtnutzung der Informationen bzw. durch die Nutzung fehlerhafter und/oder unvollständiger Informationen verursacht wurden, sind grundsätzlich ausgeschlossen. Rechts- und Schadenersatzansprüche sind daher ausgeschlossen. Dieses Werk wurde sorgfältig erarbeitet und niedergeschrieben. Der Autor übernimmt jedoch keinerlei Gewähr für die Aktualität, Vollständigkeit und Qualität der Informationen. Druckfehler und Falschinformationen können nicht vollständig ausgeschlossen werden. Es kann keine juristische Verantwortung sowie Haftung in irgendeiner Form für fehlerhafte Angaben vom Autor übernommen werden. Die bereitgestellten Analysen, Vorschläge, Ideen, Meinungen, Kommentare und Texte sind ausschließlich zur Information bestimmt und können ein individuelles Beratungsgespräch nicht ersetzen. Alle Informationen dieses Buches entsprechen dem Kenntnisstand zum Zeitpunkt des Verfassens dieses Buches. Eine Haftung für mittelbare und unmittelbare Folgen aus den Informationen dieses Buches ist somit ausgeschlossen.
Informieren Sie sich weitläufig aus unterschiedlichen Quellen und bedenken Sie, dass am Ende nur Sie für die Entscheidungen verantwortlich sind.

Haftung für externe Links:
Unser Angebot enthält Links zu externen Websites Dritter, auf deren Inhalte wir keinen Einfluss haben. Deshalb können wir für diese fremden Inhalte auch keine Gewähr übernehmen. Für die Inhalte der verlinkten Seiten ist stets der jeweilige Anbieter oder Betreiber der Seiten verantwortlich. Die verlinkten Seiten wurden zum Zeitpunkt der Verlinkung auf mögliche Rechtsverstöße überprüft. Rechtswidrige Inhalte waren zum Zeit-punkt der Verlinkung nicht erkennbar.